신앙생활의 체계

구원의 과정
"구원 복음의 진리"

조 대 현 엮음

HOSANNA

안내 말씀

　이 책은 성도들이 하나님의 구원 복음을 묵상하고 죄와 구원의 진리를 체계적으로 이해할 수 있도록 돕고자 만든 것입니다.

　　하나님께서 사람을 하나님 형상대로 창조하셨으므로 사람은 하나님 형상대로 살아야 한다. 피조물 사람이 창조주의 뜻을 어기면 하나님께 죄인으로 되어 하나님과 분리되어 멸망한다.
　　사랑의 하나님께서 죄인을 죄와 멸망에서 구원하여 하나님의 백성으로 살아가게 하시려고 구원 계획을 세우시그 성자와 성령을 동원하여 실행하신다.
　　죄인이 자기 죄를 대속하신 예수 그리스도를 나의 구주로 영접하고 자기 죄를 회개하면 하나님께서 그 죄를 용서하시고 성도로 여기시고 성령을 주신다.
　　성도가 성령의 인도를 받아 말씀 묵상과 기도로 하나님 뜻을 깨닫고 순종하면 하나님의 백성으로 거룩하게 변화된다.
　　마지막 날에 심판주께서 천국 백성으로 적합하게 성화된 성도를 하늘 천국으로 들어올려 하나님과 함께 영생하며 완전한 행복을 영원히 누리게 하신다. 구원이 완성된다.

　성도들이 구원 복음의 진리를 올바로 깨달아 이단의 거짓 주장에 흔들리지 않고 구원의 길로 정진하여 구원 완성을 얻으시길 빕니다.

　　　　　　　　2024년 가을 행원리 서조주택에서 조대현 드림

차례

1. 구원의 복음을 체계적으로 이해하자   06

2. 하나님께 지은 죄를 인정하고 구원의 필요성을 깨닫는다   09
2-1. 창조주 하나님께서 사람은 하나님 형상대로 살라고 하셨다   10
2-2. 사람이 마귀의 유혹을 받아 욕심을 따라 창조주 하나님의 생명법을 어겼다   11
2-3. 모든 사람이 하나님께 죄인으로 되었다   13
2-4. 죄인은 하나님과 분리되어 인생고를 겪으며 죽어 간다   14
2-5. 사람은 자신의 죄와 죄의 결과를 해소하지 못한다   15

3. 하나님께서 죄인 구원 계획을 세우시고 실행하신다   17
3-1. 하나님께서 앞장서서 죄인 구원 계획을 세우셨다   18
3-2. 죄인이 하나님 백성으로 구원받으려면 두 단계의 조치가 필요하다   18
3-3. 하나님의 죄인 구원은 하나님 삼위일체의 능력과 은혜이다   21
3-4. 하나님의 죄인 구원법은 완전하고 영원하다   21
3-5. 의로우신 하나님께서 죄인을 하나님 백성으로 부르심은 특별 은혜이다   23
3-6. 사람은 하나님의 구원을 영접하고 하나님 백성으로 살아가야 한다   25

4. 예수 그리스도께서 죄인 구원의 길을 만드셨고 인도하신다   27
4-1. 하나님께서 독생자를 그리스도로 보내셨다   28
4-2. 하나님의 아들이 사람 예수로 오셨다   29
4-3. 그리스도는 자기 죽음으로 죄인들의 죄를 대속하셨다   31
4-4. 그리스도는 죽으시고 부활하심으로 구원의 길을 만드셨다   33
4-5. 그리스도의 대신 속죄와 부활은 생명 주권의 권능이다   36
4-6. 예수님은 구원을 시작하시고 인도하시고 완성하시는 구주이시다   37

5. 죄인이 구주를 영접하고 회개하면 구원이 시작된다   40

5-1. 그리스도의 대신 속죄는 죄인의 회개가 있어야 속죄 효과가 생긴다   41
5-2. 예수님을 구주로 영접하고 죄를 회개하면 죄를 사함 받고 의롭다고 여겨진다   42
5-3. 죄를 회개하고 하나님께 돌아오면 새로운 인생을 열어 주신다.   44
5-4. 죄인의 구주 영접과 죄의 고백 회개는 어떻게 하는 것인가?   46
5-5. 의롭다 여겨지고 성령을 받은 성도는 구원이 완성될 때까지 성도로 살아가야 한다   48

6. 하나님께서 의롭다고 여기신 사람을 성령께서 인도하여 하나님의 성도로 성화되게 하신다   51

6-1. 의롭다고 여기신 성도에게 성령을 주셔서 영적으로 거듭나게 하신다   52
6-2. 성도가 성령을 받으면 하나님을 알고 주님으로 섬긴다   54
6-3. 성령께서 성도 안에 내주하시며 하나님의 구원을 받아 누릴 수 있게 개인 지도하신다   55
6-4. 성령의 인도를 구하고 순종하면 하나님 백성으로 살아가게 인도하신다   59
6-5. 하나님 백성으로 살아가면 임마누엘의 행복을 누린다   61
6-6. 하나님 백성으로 성화되려면 영적 싸움을 이겨야 한다   64
6-7. 하나님 백성으로 성화되면 천국 백성으로 영생하게 된다   67

7. 하나님의 구원 은혜는 그것을 믿고 영접하는 사람만 누릴 수 있다   69

7-1. 구원은 하나님의 권능이고 은혜이다   70
7-2. 하나님의 구원 은혜는 사람이 믿고 영접해야 받을 수 있다   71
7-3. 하나님의 구원 은혜를 받으려면 어떻게 해야 하는가?   73
7-4. 하나님의 구원 은혜를 받았으면 하나님 백성으로 살아가야 한다   75
7-5. 하나님의 구원 은혜를 받아들이지 않으면 정죄 심판을 받는다   76

8. 구원의 완성을 얻기 위하여 두렵고 떨림으로 정진하자   78

1.
구원의 복음을
체계적으로 이해하자

1) 창조주 하나님은 사람을 하나님 형상대로 창조하셨다. 그러므로 사람은 하나님과 교제하며 하나님 뜻에 순종하는 백성으로 살아가야 한다.
   창1:27 하나님이 자기 형상 곧 하나님의 형상대로 사람을 창조하시되,
   전12:13 일의 결국을 다 들었으니, 하나님을 경외하고 그의 명령들을 지킬지어다. 이것이 모든 사람의 본분이니라.

2) 사람이 이기적 욕심에 이끌려 하나님의 명령을 어기는 죄를 범했다. 창조주 하나님의 뜻을 어긴 죄인은 하나님과 분리되어 하나님 백성으로 살지 못하고 죽어간다.
   롬3:23 모든 사람이 죄를 범하였으매 하나님의 영광에 이르지 못하더니,
   롬6:23 죄의 삯은 사망이요, 하나님의 은사는 그리스도 예수 우리 주 안에 있는 영생이니라.

3) 사람은 자기 죄와 죄의 결과를 해소하지 못한다. 그래서 하나님께서 죄인 구원 계획을 세우셨다. 죄인들 구원하여 하나님 백성으로 살아가게 하시려는 것이다.
   요3:5 사람이 물과 성령으로 나지 아니하면 하나님의 나라에 들어갈 수 없느니라
   요3:16 하나님이 세상을 이처럼 사랑하사 독생자를 주셨으니 이는 그를 믿는 자마다 멸망하지 않고 영생을 얻게 하려 하심이라.

4) 성자를 예수 그리스도로 보내 대속 제물로 죽었다가 부활하게 하셔서 죄인이 의인으로 거듭나는 길을 만드셨다. 그리스도의 대속을 영접하고 죄를 회개하면 그 죄를 용서받고 의인으로 여겨져 하나님께 돌아갈 수 있다. 〈칭의〉
   요14:6 예수께서 이르시되, 내가 곧 길이요 진리요 생명이니, 나로 말

미암지 않고는 아버지께로 올 자가 없느니라.
  행2:38 너희가 회개하여 각각 예수 그리스도의 이름으로 세례를 받고 죄사함을 받으라. 그리하면 성령의 선물을 받으리니,

5) 의인으로 거듭난 성도에게 하나님 자녀의 자격과 성령을 주셔서 하나님 뜻에 따라 하나님의 백성으로 살아가게 인도하신다. 성령의 인도를 구하고 순종하면 하나님의 백성으로 성화된다. 신앙생활의 핵심이다. 〈성화〉
  요16:13 진리의 성령이 오시면 그가 너희를 모든 진리 가운데로 인도하시리니,
  마7:21 나더러 주여 주여 하는 자마다 다 천국에 들어갈 것이 아니요 다만 하늘에 계신 내 아버지의 뜻대로 행하는 자라야 들어가리라.

6) 성령의 인도에 순종하여 하나님 백성으로 적합할 정도로 성화되면 마지막 심판을 통과하여 천국 백성의 영생을 얻고 구원이 완성된다. 〈영화〉
  계21:7 이기는 자는 이것들을 상속으로 받으리라. 나는 그의 하나님이 되고 그는 내 아들이 되리라.

2.
하나님께 지은 죄를 인정하고
구원의 필요성을 깨닫는다

2-1. 창조주 하나님께서 사람은 하나님 형상대로 살라고 하셨다

하나님은 피조물이 아니라 스스로 존재하시는 신이다. 친히 알려 주신 진리이다(출3:14).[1]

그래서 자기 존재와 활동에 필요한 생명과 능력을 스스로 창조하셔서, 천지만물보다 먼저 스스로 존재하셨고, 지혜와 능력이 완전하신 하나님이 되셔서 우주만물을 창조하신다. 모든 피조물의 존재와 역할을 정해 주시고 그들을 창조한 주인으로서 다스리신다(행17:24).[2]

피조물은 창조주께서 설계하시고 창조하신 대로 존재하고 활동한다(계4:11). 그것이 창조주의 법이고 창조질서이다.[3]

피조물의 생명(生命)은 창조주가 정해준 대로 살라는 명령이고 사명이다. 물고기가 물을 벗어나면 창조질서를 벗어나므로 죽게 된다.

하나님께서 사람을 하나님 형상대로 창조하셨다(창1:27). 하나님과 교제하며 하나님과 함께 살아갈 수 있는 영적 능력을 주셨다. 그것은 사람이 하나님의 백성으로 살아가라는 뜻이고(사43:21), 피조물 사람에게 특별히 하나님 백성의 존귀하고 영화로운 삶을 허락하신 은혜이다(시8:5).[4]

그러므로 사람이 하나님을 주님으로 섬기며 하나님의 다스리심에 순종

---

1) **출3:14** 하나님이 모세에게 이르시되, 나는 스스로 있는 자이니라.
2) **행17:24** 우주와 그 가운데 있는 만물을 지으신 하나님께서는 천지의 주재시니,
3) **계4:11** 주께서 만물을 지으신지라, 만물이 주의 뜻대로 있었고 또 지으심을 받았나이다
4) **창1:27** 하나님이 자기 형상 곧 하나님의 형상대로 사람을 창조하시되,
   사43:21 이 백성은 내가 나를 위하여 지었나니 나를 찬송하게 하려 함이니라.
   시8:5 그를 하나님보다 조금 못하게 하시고 영화와 존귀로 관을 씌우셨나이다.
5) **전12:13** 일의 결국을 다 들었으니, 하나님을 경외하고 그의 명령들을 지킬지어다. 이것이 모든 사람의 본분이니라.

하며 하나님의 백성으로 살아가는 것이 창조주 하나님께서 정하신 생명법이고, 피조물 사람의 본분에 맞는 인생법이다(전12:13).[5]

사람이 하나님 뜻대로 하나님의 백성으로 살아가면 존귀와 영화를 누리게 되지만(출19:5-6), 사람이 하나님 백성으로 살지 않으면 창조주 하나님의 뜻을 어기는 죄를 지어 하나님과 분리되고 죽게 된다(겔18:20).[6]

2-2. 사람이 마귀의 유혹을 받아 욕심을 따라 창조주 하나님의 생명법을 어겼다

하나님은 사람을 선하게 창조하시고 에덴 동산에서 함께 사시며 사람이 생명 나무의 열매를 먹고 영생하는 것을 허락하셨지만, 선악을 알게 하는 나무의 열매를 먹으면 반드시 죽는다고 말씀하셨다(창2:17). 하나님의 다스리심이다.

사람은 창조주 하나님의 말씀을 가감하지 말고 그대로 준수해야 하고(신12:32), 사람이 하나님의 말씀에 온전히 순종하면 하나님의 백성으로 에덴 낙원의 행복을 누리며 영생할 수 있었다. 그러나 사람의 지능과 순종하는 마음이 완전하지 못하여(전3:11) 하와가 하나님 말씀의 뜻을 제대로 받아들이지 못했다.[7]

---

6) **출19:5-6** 너희가 내 말을 잘 듣고 내 언약을 지키면, 너희는 모든 민족 중에서 내 소유가 되겠고 내게 대하여 제사장 나라가 되며 거룩한 백성이 되리라.
겔18:20 범죄하는 그 영혼은 죽을지라.
7) **신12:32** 내가 너희에게 명령하는 이 모든 말을 너희는 지켜 행하고 그것에 가감하지 말지니라.
전3:11 사람들에게는 영원을 사모하는 마음을 주셨느니라. 그러나 하나님이 하시는 일의 시종을 사람으로 측량할 수 없게 하셨도다.

하나님의 말씀(창2:17)	하와가 받은 내용(창3:3)
선악을 알게 하는 나무의 열매는 먹지 말라. 네가 먹는 날에는 반드시 죽으리라.	하나님의 말씀에 너희는 먹지도 말고 만지지도 말라. 너희가 죽을까 하노라.

그 틈새를 이용하여 사탄이 선악과를 먹으면 하나님처럼 지혜롭게 된다고 유혹하자(창3:4-5), 선악과를 먹고 싶은 욕심에 이끌려 하나님의 명령을 어기고 선악과를 따서 먹었다(창3:6).[8]

사람이 사탄의 유혹을 받아들이는 순간 사탄의 악한 영이 사람의 마음 속에 들어와 욕심을 낳았다. 내가 높아지려는 이기적 욕심이 하나님의 법을 어기는 죄를 짓게 하였다.

그리고 하나님께서 "네가 어디 있느냐" 물으실 때 죄를 회개하지 않고 에덴 낙원에서 쫓겨났다.

이기적 욕심을 가진 사람이 하나님을 주님으로 섬기기 싫어하자 하나님께서 타락한 채로 내버려 두셨다(롬1:28). 그래서 사람이 자기 욕심을 좇아 온갖 죄악을 저질러 하나님을 주님으로 섬기며 살아가라는 창조주의 생명법을 어기는 죄를 짓고 생명을 회수 당하게 되었다(롬1:32).[9]

---

8) **창3:4-5** 뱀이 여자에게 이르되, 너희가 결코 죽지 아니하리라. 너희가 그것을 먹는 날에는 너희 눈이 밝아져 하나님과 같이 되어 선악을 알 줄 하나님이 아심이니라.
창3:6 여자가 그 나무를 본즉 먹음직도 하고 보암직도 하고 지혜롭게 할 만큼 탐스럽기도 한 나무인지라. 여자가 그 열매를 따먹고 자기와 함께 있는 남편에게도 주매 그도 먹은지라.
9) **롬1:28** 그들이 마음에 하나님 두기를 싫어하매, 하나님께서 그들을 그 상실한 마음대로 내버려 두사 합당하지 못한 일을 하게 하셨으니,
롬1:32 이같은 일을 행하는 자는 사형에 해당한다고 하나님께서 정하심을 알고도 자기들만 행할 뿐 아니라 또한 그런 일을 행하는 자들을 옳다 하느니라.

2-3. 모든 사람이 하나님께 죄인으로 되었다

피조물 사람이 창조주 하나님의 법을 어기면 하나님께 죄인으로 된다(렘 16:10-11). 사람이 하나님을 주님으로 섬기지 않거나 하나님 말씀을 준행하지 않으면 하나님 백성으로 살라는 창조주의 법을 어기는 죄를 짓게 된다(느9:26).[10]

성경은 하나님의 말씀에 순종하지 않는 것(롬5:19), 구원의 복음을 믿지 않는 것(막16:16), 구주 예수를 믿지 않는 것(요3:18), 믿음을 따라 행하지 않는 것(롬14:23), 선을 행하지 않는 것(약4:17)은 죄라고 규정한다.[11]

마음·목숨·힘을 다하여 하나님을 사랑하지 않는 것(마22:37), 이웃을 자신같이 사랑하지 않는 것(마22:39)도 하나님의 법을 어기는 죄이다.[12]

사람의 이기적 욕심이 자기를 위하여 살게 하므로 하나님을 온전히 주님으로 섬기기 어렵다. 또 나를 높이려는 자존심이 나보다 하나님을 더 사랑하지 못하게 하고 남을 내 몸과 같이 사랑하지 못하게 한다.

---

10) **렘16:10-11** 우리가 우리 하나님 여호와께 범한 죄는 무엇이냐 … 나를 버리고 … 내 율법을 지키지 아니하였음이라.
 느9:26 그들은 순종하지 아니하고 주를 거역하며 주의 율법을 등지고 주께로 돌아오기를 권면하는 선지자들을 죽여 주를 심히 모독하였나이다.
11) **롬5:19** 한 사람이 순종하지 아니함으로 많은 사람이 죄인 된 것같이 한 사람이 순종하심으로 많은 사람이 의인이 되리라
 막16:16 믿고 세례를 받는 사람은 구원을 얻을 것이요 믿지 않는 사람은 정죄를 받으리라.
 요3:18 그를 … 믿지 아니하는 자는 하나님의 독생자의 이름을 믿지 아니하므로 벌써 심판을 받은 것이니라.
 롬14:23 믿음을 따라 하지 아니하는 것은 다 죄니라.
 약4:17 사람이 선을 행할 줄 알고도 행하지 아니하면 죄니라.
12) **마22:37** 네 마음을 다하고 목숨을 다하고 뜻을 다하여 주 너의 하나님을 사랑하라
 마22:39 네 이웃을 네 자신같이 사랑하라

결국 모든 사람이 자기를 위하여 살면서 하나님 백성으로 살지 못하여 하나님께 죄인으로 되었다(렘2:19, 롬3:23).[13]

2-4. 죄인은 하나님과 분리되어 인생고를 겪으며 죽어 간다

하나님은 사람을 하나님 형상대로 창조하셔서 하나님 백성으로 살라고 하셨지만, 사람이 하나님 명령을 어기는 죄를 짓고 하나님께서 부르셔도 회개하지 않자, 아담과 하와를 에덴에서 내쫓으시고 회전 불칼을 설치하셔서 생명 나무의 길을 차단하셨다(창3:24). 하나님께서 죄인을 하나님 나라에서 내쫓으시고 영생하지 못하게 하셨다.[14]

그래서 죄인은 하나님과 분리되어 각자의 욕심과 능력으로 경쟁하며 불만과 불행 속에서 죽어간다(시107:10-11). 먼저 영생이 차단되고 하나님과 교제하지 못하여 영이 죽고 육신이 죽은 뒤 정죄 심판을 받아 완전히 멸망한다.[15]

---

13) **렘2:19** 네 하나님 여호와를 버림과 네 속에 나를 경외함이 없는 것이 악이요 고통인 줄 알라.
롬3:23 모든 사람이 죄를 범하였으매 하나님의 영광에 이르지 못하더니,
14) **창3:24** 이같이 하나님이 그 사람을 쫓아내시고 에덴 동산 동쪽에 그룹들과 두루 도는 불칼을 두어 생명 나무의 길을 지키게 하시니라.
15) **시107:10-11** 사람이 흑암과 사망의 그늘에 앉으며 곤고와 쇠사슬에 매임은 하나님의 말씀을 거역하며 지존자의 뜻을 멸시함이라.
16) **사59:2** 오직 너희 죄악이 너희와 하나님 사이를 갈라놓았고, 너희 죄가 그의 얼굴을 가리어서 너희에게서 듣지 않으시게 함이니라.
고후6:14 의와 불법이 어찌 함께 하며, 빛과 어둠이 어찌 사귀며,
요9:31 하나님이 죄인의 말을 듣지 아니하시고, 경건하여 그의 뜻대로 행하는 자의 말은 들으시는 줄 우리가 아나이다.

하나님께 지은 죄가 죄인을 거룩하신 하나님과 분리시킨다(사59:2, 고후6:14), 죄인이 하나님께 예배와 기도를 드려도 하나님께서 받지 않으신다(요9:31).[16]

게다가 죄의 삯은 사망이다(롬6:23). 하나님께서 주신 생명(生命)은 창조주가 정해주신 대로 살라는 명령이므로 그 명령을 어긴 죄인은 하나님과 함께 영생하지 못하고 힘들게 땅을 갈다가 흙으로 돌아가게 된다(창3:19).[17]

그리고 하나님께 죄를 짓고 구원 받지 못한 사람은 죽은 뒤 정죄 심판을 받아 지옥 불못에 던져져 하나님과 영원히 단절된다(히9:27, 살후1:8-9, 계20:15).[18]

2-5. 사람은 자신의 죄와 죄의 결과를 해소하지 못한다

사람이 자기의 죄와 능력으로 창조주 하나님의 뜻을 어기는 죄를 지었고(전7:29),[19]

---

17) **롬6:23** 죄의 삯은 사망이요,
창3:19 네가 흙으로 돌아갈 때까지 얼굴에 땀을 흘려야 먹을 것을 얻으리니, 네가 그것에서 취함을 입었음이라. 너는 흙이니 흙으로 돌아갈 것이니라.
18) **히9:27** 한번 죽는 것은 사람에게 정해진 것이요, 그 후에는 심판이 있으리니,
살후1:8-9 하나님을 모르는 자들과 우리 주 예수의 복음에 복종하지 않는 자들에게 형벌을 내리시리니, 이런 자들은 주의 얼굴과 그의 힘의 영광을 떠나 영원한 멸망의 형벌을 받으리로다.
계20:15 누구든지 생명책에 기록되지 못한 자는 불못에 던져지더라.
19) **전7:29** 내가 깨달은 것은 오직 이것이라. 곧 하나님은 사람을 정직하게 지으셨으나 사람이 많은 꾀들을 낸 것이니라.

하나님의 창조 질서를 어긴 죄와 그 결과는 사람의 능력이나 노력으로는 해소할 수 없다. 오직 하나님의 구원 은혜를 받아야 죄를 사면받고 하나님 형상의 존귀한 삶을 회복할 수 있다(엡2:8-9).[20]

죄인과 하나님의 분리, 죄인의 사망 과정,[21] 죄인에 대한 정죄 심판과 영원한 형벌, 죄인 구원법은 하나님께서 정하신 법이므로 그대로 준수해야 하고(전3:14) 사람의 꾀로 없애거나 회피할 수 없다(욥12:13-14).[22]

그러므로 내가 창조주 하나님께 지은 죄를 인정하고 겸손하게 하나님의 구원 은혜를 간구해야 한다(롬6:23).[23]

---

19) **전7:29** 내가 깨달은 것은 오직 이것이라. 곧 하나님은 사람을 정직하게 지으셨으나 사람이 많은 꾀들을 낸 것이니라.
20) **엡2:8-9** 너희는 그 은혜에 의하여 믿음으로 말미암아 구원을 받았으니 이것은 너희에게서 난 것이 아니요 하나님의 선물이라. 행위에서 난 것이 아니니 이는 누구든지 자랑하지 못하게 함이라.
21) 창조주 하나님의 뜻을 어긴 죄인은 하나님과 분리되어 영생 차단, 영의 사망, 육신 사망, 완전 멸망의 순서로 죽어간다.
22) **전3:14** 하나님께서 행하시는 모든 것은 영원히 있을 것이라. 그 위에 더 할 수도 없고 그것에서 덜 할 수도 없나니,
    욥12:13-14 지혜와 권능이 하나님께 있고 계략과 명철도 그에게 속하였나니, 그가 헐으신즉 다시 세울 수 없고 사람을 가두신즉 놓아주지 못하느니라.
23) **롬6:23** 죄의 삯은 사망이요, 하나님의 은사는 그리스도 예수 우리 주 안에 있는 영생이니라.

3.
하나님께서 죄인 구원 계획을 세우시고 실행하신다

3-1. 하나님께서 앞장서서 죄인 구원 계획을 세우셨다

　하나님께서 사람을 하나님 형상대로 창조하셔서 하나님의 백성으로 살게 하셨는데, 사람이 이기적 욕심에 이끌려 하나님 명령을 어기는 죄를 지어 하나님과 분리되고 하나님의 백성으로 살지 못하고 죽게 되었다(롬 5:12).[24]
　하나님께서 죄의 삯은 사망이라고 법을 세우셨으므로 사람의 능력이나 노력으로는 하나님의 법을 벗어날 수 없다.
　그런데도 사랑의 하나님께서 죄인이 죄와 사망에서 벗어나 하나님 백성으로 살아갈 수 있게 하시려고 죄인 구원 계획을 세우시고 실행하신다. 죄인들이 구원하여 달라고 청원하지도 않았는데 하나님의 사랑과 능력으로 죄인 구원의 길을 만드시고 죄인들을 구원 영생의 길로 부르신다(요 3:16).[25]

3-2. 죄인이 하나님 백성으로 구원받으려면 두 단계의 조치가 필요하다

　1) 하나님의 구원은 죄인이 죄와 사망에서 벗어나 하나님의 백성으로 살아가게 하시는 것이다. 그렇게 하려면 두 단계의 조치가 필요하다.

---

24) **롬5:12** 한 사람으로 말미암아 죄가 세상에 들어오고 죄로 말미암아 사망이 들어왔나니, 이와 같이 모든 사람이 죄를 지었으므로 사망이 모든 사람에게 이르렀느니라.
25) **요3:16** 하나님이 세상을 이처럼 사랑하사 독생자를 주셨으니, 이는 그를 믿는 자마다 멸망하지 않고 영생을 얻게 하려 하심이라.
26) **요3:3** 진실로 진실로 네게 이르노니, 사람이 거듭나지 아니하면 하나님의 나라를 볼 수 없느니라

1단계로 죄인이 죄에서 벗어나 의인으로 취급되어 하나님 앞에 나아갈 수 있어야 한다(요3:3).[26]

1단계 다음에 죄를 사함 받은 성도가 하나님을 주님으로 섬기며 하나님 뜻에 따라 살아가야 한다(마7:21).[27]

2) 〈1단계의 구원 계획〉 예수님의 대신 속죄와 죄인의 회개로 죄의 분리 장벽을 해소하여 하나님과 분리된 죄인이 하나님께 돌아갈 수 있게 한다.

성자 하나님을 사람 예수로 보내어 희생 제물로 죽어 사람들의 모든 죄를 대속하게 하시고(갈1:4), 죽은 사람 예수를 죄를 벗은 의인으로 부활시켜 죄인이 의인으로 거듭나는 길을 만드신다(벧전1:3).[28]

죄인이 예수님을 자기 죄를 대속하신 구주로 영접하고 자기 죄를 고백하고 회개하면 그 죄를 다 용서하시고 의롭다고 여기셔서(요일1:9, 롬3:24) 하나님께 돌아올 수 있게 하신다(히9:14).[29]

3) 〈2단계의 구원 계획〉 하나님께 지은 죄를 사면받고 하나님께 돌아온 죄인이 하나님 뜻을 준행하여 하나님 백성으로 살아가는 과정이다. 성령님께서 인도하신다.

---

27) **마7:21** 나더러 주여 주여 하는 자마다 다 천국에 들어갈 것이 아니요, 다만 하늘에 계신 내 아버지의 뜻대로 행하는 자라야 들어가리라.
28) **갈1:4** 그리스도께서 하나님 곧 우리 아버지의 뜻을 따라 이 악한 세대에서 우리를 건지시려고 우리 죄를 대속하기 위하여 자기 몸을 주셨으니,
벧전1:3 예수 그리스도를 죽은 자 가운데서 부활하게 하심으로 말미암아 우리를 거듭나게 하사 산 소망이 있게 하시며,
29) **요일1:9** 만일 우리가 우리 죄를 자백하면 그는 미쁘시고 의로우사 우리 죄를 사하시며 우리를 모든 불의에서 깨끗하게 하실 것이요,
롬3:24 그리스도 예수 안에 있는 속량으로 말미암아 하나님의 은혜로 값없이 의롭다 하심을 얻은 자 되었느니라.
히9:14 흠 없는 자기를 하나님께 드린 그리스도의 피가 어찌 너희 양심을 죽은 행실에서 깨끗하게 하고 살아 계신 하나님을 섬기게 하지 못하겠느냐.

죄를 사하시고 의롭다고 여기신 성도에게 성령을 주셔서(행2:38) 성도의 심령 안에 내주하며(요14:16-17) 구원의 길로 인도하게 하신다(요16:13).[30]

성도가 성령님을 인생의 주님으로 섬기며 그 인도를 구하고 순종하면, 말씀 묵상과 기도로 하나님 뜻을 깨닫고 따르게 하고, 그 결과로 하나님 백성으로 성화되게 하시고(딤전4:5, 엡2:22) 하나님의 아들로 인정하신다(롬8:14).[31]

4) 〈구원 완성 계획〉 마지막 날에 예수님께서 심판주로 재림하셔서 하나님의 구원을 받아들여 하나님 백성으로 성화된 자를 하늘 천국으로 입국시켜 하나님과 함께 영생하게 하신다(요6:40). 이로써 구원이 완성된다.[32]

예수님께서 다시 오셔서 진짜 백성을 가려내어 구원을 완성하시겠다고 여러번 강조하셨다(마25:32-33).[33]

---

30) **행2:38** 너희가 회개하여 각각 예수 그리스도의 이름으로 세례를 받고 죄 사함을 받으라. 그리하면 성령의 선물을 받으리니,
 요14:16-17 내가 아버지께 구하겠으니 그가 또 다른 보혜사를 너희에게 주사 영원토록 너희와 함께 있게 하리니 … 그는 너희와 함께 거하심이요 또 너희 속에 계시겠음이라.
 요16:13 진리의 성령이 오시면 그가 너희를 모든 진리 가운데로 인도하시리니,
31) **딤전4:5** 하나님의 말씀과 기도로 거룩하여짐이라.
 엡2:22 너희도 성령 안에서 하나님이 거하실 처소가 되기 위하여 그리스도 예수 안에서 함께 지어져 가느니라.
 롬8:14 무릇 하나님의 영으로 인도함을 받는 사람은 곧 하나님의 아들이라.
32) **요6:40** 내 아버지의 뜻은 아들을 보고 믿는 자마다 영생을 얻는 이것이니, 마지막 날에 내가 이를 다시 살리리라.
33) **마25:32-33** 모든 민족을 그 앞에 모으고 각각 구분하기를 목자가 양과 염소를 구분하는 것같이 하여 양은 그 오른편에 염소는 왼편에 두리라.

3-3. 하나님의 죄인 구원은 하나님 삼위일체의 능력과 은혜이다

　하나님의 죄인 구원은 하나님 뜻을 어긴 죄를 성자 예수님의 대속과 죄인의 회개로 사면하시고 성령님의 내주 인도로 하나님의 백성으로 살아가게 하시는 것이다. 오직 하나님의 권능으로만 하실 수 있는 일이고(롬1:16) 성부·성자·성령께서 뜻과 능력을 합하여 행하시는 일이다.[34]
　죄인들은 죄와 사망에 매인 채 죄와 사망에서 벗어나는 길을 알지도 못하고 있을 때 선하심과 지혜가 완전하신 하나님께서 죄인 구원 계획을 세우시고 구원의 언약을 주셔서 죄인을 부르신다(사55:7).[35]
　성자를 대속 제물로 희생시키시고 성령을 성도 안에 내주시켜 구원의 길로 인도하시는 방법을 동원하셔서 하나님의 지극한 사랑과 은혜를 확실하게 보이신다(롬5:8).[36]

3-4. 하나님의 죄인 구원법은 완전하고 영원하다

　하나님의 죄인 구원법은 모든 사람의 모든 죄를 대상으로 한다. 하나님은 시공을 초월하시므로 예수님의 희생으로 모든 사람들의 과거·현재·미래의 죄를 모두 한꺼번에 속량하시고(히10:12,14) 유대인이든 이방인이든 가리지 않고 모든 사람을 구원 대상으로 삼으신다(딤전2:4).[37]

---

34) **롬1:16** 이 복음은 모든 믿는 자에게 구원을 주시는 하나님의 능력이 됨이라.
35) **사55:7** 악인은 그의 길을, 불의한 자는 그의 생각을 버리고 여호와께로 돌아오라. 그리하면 그가 긍휼히 여기시리라. 우리 하나님께로 돌아오라. 그가 너그럽게 용서하시리라.
36) **롬5:8** 우리가 아직 죄인 되었을 때에 그리스도께서 우리를 위하여 죽으심으로 하나님께서 우리에 대한 자기의 사랑을 확증하셨느니라.

하나님의 구원 계획은 완전하시고 영원하신 하나님의 법이므로 영원히 변함없이 적용되고(전3:14), 하나님의 권능으로 반드시 실현된다(사14:24, 빌1:6). 다만 예수님께서 재림하셔서 최후 심판을 마치시면 죄인 구원이 마감된다.[38]

죄인 구원법은 하나님의 능력과 은혜로 실현되는 것인데, 죄인의 의사에 반하여 강제적으로 실행되는 것은 아니다. 하나님께서 사람에게 하나님 형상대로 자율권을 주시고 존중하시기 때문에 죄인이 자유 의지로 진심으로 하나님의 구원을 받아들여야 구원을 얻게 된다(요3:18, 요5:24).[39]

죄인이 하나님께 지은 죄를 깨닫고, 하나님의 구원 계획과 예수님의 대신 속죄를 믿고, 예수 그리스도를 자기 구주로 영접하고, 그 구주 앞에 자기 죄를 다 고백하고 회개하면, 죄가 속죄되고 의롭다고 여겨진다(요일1:9, 롬3:24).[40]

---

37) **히10:12,14** 그리스도는 죄를 위하여 한 영원한 제사를 드리시고 하나님 우편에 앉으사, 거룩하게 된 자들을 한 번의 제사로 영원히 온전하게 하셨느니라.
딤전2:4 하나님은 모든 사람이 구원을 받으며 진리를 아는 데에 이르기를 원하시느니라.
38) **전3:14** 하나님께서 행하시는 모든 것은 영원히 있을 것이라. 그 위에 더 할 수도 없고 그것에서 덜 할 수도 없나니, 하나님이 이같이 행하심은 사람들이 그의 앞에서 경외하게 하려 하심인 줄을 내가 알았도다.
사14:24 만군의 주님께서 맹세하여 말씀하신다. "내가 계획한 것을 그대로 실행하며, 내가 뜻한 것을 그대로 이루겠다" 〈새번역〉
빌1:6 너희 안에서 착한 일을 시작하신 이가 그리스도 예수의 날까지 이루실 줄을 우리는 확신하노라.
39) **요3:18** 그를 믿는 자는 심판을 받지 아니하는 것이요, 믿지 아니하는 자는 하나님의 독생자의 이름을 믿지 아니하므로 벌써 심판을 받은 것이니라.
요5:24 내가 진실로 진실로 너희에게 이르노니, 내 말을 듣고 또 나 보내신 이를 믿는 자는 영생을 얻었고 심판에 이르지 아니하나니, 사망에서 생명으로 옮겼느니라.

구주 앞에 죄를 회개하여 사면받은 죄는 다시 기억되지 않는다(사 43:25). 죄를 사면받은 후에 다시 죄를 지어도 이미 받은 사면은 실효되지 않으며, 칭의 받은 후에 다시 지은 죄도 구주 앞에 회개하면 그 죄까지 사면받는다.[41]

3-5. 의로우신 하나님께서 죄인을 하나님 백성으로 부르심은 특별 은혜이다

하나님께서 사람을 하나님 형상대로 창조하신 뜻은 하나님과 교제하며 하나님 백성으로 살라는 뜻이다. 그래서 사람이 하나님의 백성으로 살지 않으면 창조주 하나님의 법을 어긴 죄인으로 되어 의로우신 하나님과 분리된다(사59:2). 사람이 하나님과 분리되면 영적 교제가 차단되어 그 영이 죽고 하나님 백성으로 살지 못한다(엡4:18).[42]

그런데도 하나님은 죄인의 영생만 즉시 차단하시고 육신의 생명을 조금 더 허용하시고 죄인 구원의 길을 만들어 죄를 회개하고 하나님께 돌아올 기회를 주신다(시78:38).[43]

---

40) **요일1:9** 만일 우리가 우리 죄를 자백하면 그는 미쁘시고 의로우사 우리 죄를 사하시며 우리를 모든 불의에서 깨끗하게 하실 것이요
롬3:24 그리스도 예수 안에 있는 속량으로 말미암아 하나님의 은혜로 값없이 의롭다 하심을 얻은 자 되었느니라.
41) **사43:25** 나는 나를 위하여 네 허물을 도말하는 자니 네 죄를 기억하지 아니하리라.
42) **사59:2** 오직 너희 죄악이 너희와 하나님 사이를 갈라놓았고, 너희 죄가 그의 얼굴을 가리어서 너희에게서 듣지 않으시게 함이니라.
엡4:18 그들의 총명이 어두워지고 그들 가운데 있는 무지함과 그들의 마음이 굳어짐으로 말미암아 하나님의 생명에서 떠나 있도다.
43) **시78:38** 하나님은 긍휼하시므로 죄악을 덮어 주시어 멸망시키지 아니하시고 그의 진노를 여러 번 돌이키시며 그의 모든 분을 다 쏟아 내지 아니하셨으니

성자 예수님께서 사람으로 죽으셨다가 부활하심으로 죄인이 죄와 사망에서 벗어나 죄가 없는 의인으로 거듭나 의로우신 하나님 앞에 나아갈 수 있게 하시고(히9:14, 벧전1:3-4, 벧전2:24), 의인으로 거듭나 하나님께 나아온 성도에게 성령을 주셔서 하나님 뜻에 순종하여 하나님 백성으로 살아가도록 인도하신다(요14:26, 요16:13).[44]

예수님의 대속 은혜와 성령님의 인도하심은 하나님께서 죄인을 의롭게 하시기 위하여 값없이 주시는 특혜의 선물이고(고전6:11, 엡2:8), 하나님의 의로움으로 죄인을 의롭게 하시는 하나님 능력의 역사이다(롬1:16, 롬3:25-26).[45]

하나님은 하나님의 능력과 은혜로 구원의 길을 준비해 놓으시고 죄인들을 구원의 길로 부르신다(고후6:2). 죄인이 부르심에 응하면 예수님의 대속과 죄인의 회개로 죄를 사하시고 성령을 주셔서 성화되게 인도하시고

---

44) **히9:14** 흠 없는 자기를 하나님께 드린 그리스도의 피가 어찌 너희 양심을 죽은 행실에서 깨끗하게 하고 살아 계신 하나님을 섬기게 하지 못하겠느냐
벧전1:3-4 예수 그리스도를 죽은 자 가운데서 부활하게 하심으로 말미암아 우리를 거듭나게 하사 산 소망이 있게 하시며,
벧전2:24 친히 나무에 달려 그 몸으로 우리 죄를 담당하셨으니, 이는 우리로 죄에 대하여 죽고 의에 대하여 살게 하려 하심이라.
요14:26 보혜사 곧 아버지께서 내 이름으로 보내실 성령 그가 너희에게 모든 것을 가르치고 내가 너희에게 말한 모든 것을 생각나게 하리라
요16:13 진리의 성령이 오시면 그가 너희를 모든 진리 가운데로 인도하시리니
45) **고전6:11** 주 예수 그리스도의 이름과 우리 하나님의 성령 안에서 씻음과 거룩함과 의롭다 하심을 받았느니라
엡2:8 너희는 그 은혜에 의하여 믿음으로 말미암아 구원을 받았으니, 이것은 너희에게서 난 것이 아니요 하나님의 선물이라.
롬1:16 복음은 모든 믿는 자에게 구원을 주시는 하나님의 능력이 됨이라.
롬3:25-26 이는 하나님께서 길이 참으시는 중에 전에 지은 죄를 간과하심으로 자기의 의로우심을 나타내려 하심이니, 곧 이때에 자기의 의로우심을 나타내사 자기도 의로우시며 또한 예수 믿는 자를 의롭다 하려 하심이라.

하나님과 함께 살아가는 영화를 누리게 하신다(롬8:30).[46)]
전부 하나님의 특별 은혜이다.

3-6. 사람은 하나님의 구원을 영접하고 하나님 백성으로 살아가야 한다

성자와 성령을 동원하여 죄인을 구원하여 하나님 백성으로 살아가게 하시는 죄인 구원 계획은 사람의 지능으로는 이해할 수 없고 믿기 어려운 일이지만(고전2:9), 하나님의 구원 언약은 선하시고 신실하신 하나님의 법이므로 그 법을 따르는 사람은 하나님 자녀의 존귀한 인생으로 되고(요1:12) 최선의 행복을 누리게 된다(시16:11).[47)]

내가 하나님 뜻을 어긴 죄인임을 깨닫고, 그리스도께서 이미 내 죄를 대신 속죄하셨음을 믿고, 그리스도를 나의 구주로 영접하고 하나님께 지은 죄를 회개하면, 그 죄를 용서받고 정죄 심판을 면하고, 하나님 앞에 나아가 성령의 인도를 받아 하나님 백성으로 살아갈 수 있다.

죄인 구원을 위하여 필요한 일은 다 하나님의 능력으로 이루어 주신다. 그리스도를 세워 구원을 시작하시고 성령을 주어 구원의 길로 인도하시고

---

46) **고후6:2** 보라, 지금은 은혜 받을 만한 때요. 보라, 지금은 구원의 날이로다.
 롬8:30 미리 정하신 그들을 또한 부르시고, 부르신 그들을 또한 의롭다 하시고, 의롭다 하신 그들을 또한 영화롭게 하셨느니라.
47) **고전2:9** 하나님이 자기를 사랑하는 자들을 위하여 예비하신 모든 것은 눈으로 보지 못하고 귀로 듣지 못하고 사람의 마음으로 생각하지도 못하였다 함과 같으니라.
 요1:12 영접하는 자 곧 그 이름을 믿는 자들에게는 하나님의 자녀가 되는 권세를 주셨으니,
 시16:11 주께서 생명의 길을 내게 보이시리니, 주의 앞에는 충만한 기쁨이 있고 주의 오른쪽에는 영원한 즐거움이 있나이다.

마지막 날의 심판으로 구원을 완성하신다. 사람은 그러한 구원의 특별 은혜를 받아들이기만 하면 된다.

사람이 하나님의 구원을 받아들여 하나님의 백성으로 살아가는 것이 창조주 하나님께서 사람을 하나님 형상대로 창조하신 뜻을 살리는 일이고, 사람의 본분에 맞는 삶이고, 존귀한 인생의 완전한 행복을 누리는 길이다(행3:19).[48]

하나님께서 성자와 성령을 동원하여 죄인을 구원하시려고 부르시는데도 불구하고, 죄인이 구원을 받아들이지 않으면, 마지막 심판 때 하나님의 구원을 받아들이지 않은 죄까지 추가되어 정죄 심판을 받고 지옥 불못에 던져져 하나님과 완전히 단절되는 영원한 형벌을 받는다(살후1:8-9).[49]

---

48) **행3:19** 너희가 회개하고 돌이켜 너희 죄 없이 함을 받으라. 이같이 하면 새롭게 되는 날이 주 앞으로부터 이를 것이요,
49) **살후1:8-9** 하나님을 모르는 자들과 우리 주 예수의 복음에 복종하지 않는 자들에게 형벌을 내리시리니, 이런 자들은 주의 얼굴과 그의 힘의 영광을 떠나 영원한 멸망의 형벌을 받으리로다.

4.
예수 그리스도께서
죄인 구원의 길을 만드셨고
인도하신다

4-1. 하나님께서 독생자를 그리스도로 보내셨다

하나님께서 죄인 구원 계획을 실행하시기 위하여 하나님의 독생자를 예수 그리스도로 보내셨다(요3:17).[50]

예수님은 성자 하나님이므로 하나님의 형상과 성품과 능력을 모두 가지고 계셔서(골1:15, 골2:9) 하나님을 나타내 보이셨다(요1:18).[51]

하나님은 그 아들을 그리스도로 보내시면서 성령과 능력을 충만하게 부어 주셔서 불치병을 고치고 귀신을 쫓아내고 죽은 사람을 살리게 하셨다(행10:38).[52]

하나님은 예수 그리스도를 사람들의 죄를 대속하는 희생제물로 죽게 하시고 부활하게 하셔서 죄인이 의인으로 거듭날 수 있는 길을 만드셨다(벧전1:3). 그것은 하나님의 구원 계획 내용이고(갈1:4) 그리스도의 사명이었다(행2:23).[53]

---

50) **요3:17** 하나님이 그 아들을 세상에 보내신 것은 세상을 심판하려 하심이 아니요 그로 말미암아 세상이 구원을 받게 하려 하심이라.
51) **골1:15** 그는 보이지 아니하는 하나님의 형상이시요,
 골2:9 그 안에는 신성의 모든 충만이 육체로 거하시고
 요1:18 본래 하나님을 본 사람이 없으되, 아버지 품 속에 있는 독생하신 하나님이 나타내셨느니라.
52) **행10:38** 하나님이 나사렛 예수에게 성령과 능력을 기름 붓듯 하셨으매, 그가 두루 다니시며 선한 일을 행하시고 마귀에게 눌린 사람을 고치셨으니 이는 하나님이 함께 하셨음이라.
53) **벧전1:3** 예수 그리스도를 죽은 자 가운데서 부활하게 하심으로 말미암아 우리를 거듭나게 하사 산 소망이 있게 하시며,
 갈1:4 그리스도께서 하나님 곧 우리 아버지의 뜻을 따라 이 악한 세대에서 우리를 건지시려고 우리 죄를 대속하기 위하여 자기 몸을 주셨으니,
 행2:23 그가 하나님께서 정하신 뜻과 미리 아신 대로 내준 바 되었거늘

성자 예수는 본디 성부와 일체이시고(요10:30), 항상 자기 안에 하나님 아버지를 모시고 계시면서 하나님의 일을 하셨다(요14:10)[54]

4-2. 하나님의 아들이 사람 예수로 오셨다

예수님은 성경의 예언대로(사7:14) 처녀의 몸을 통하여 메시야 예수로 오셨다. 하나님의 아들이 자유자재하신 하나님의 능력으로 처녀의 아들로 태어나셨다(눅1:35).[55]

하나님의 아들이 하나님의 죄인 구원 계획을 이루시려고 자진하여 사람 예수로 오셨다(요6:38,40). 사람이지만, 하나님의 독생자의 영광과 그리스도의 은혜와 진리가 충만하였고(요1:14) 하나님께서 내 사랑하는 아들이고 그리스도라고 확인하셨다(마17:5).[56]

---

54) **요10:30** 나와 아버지는 하나이니라.
요14:10 내가 아버지 안에 거하고 아버지는 내 안에 계신 것을 네가 믿지 아니하느냐. 내가 너희에게 이르는 말은 스스로 하는 것이 아니라 아버지께서 내 안에 계셔서 그의 일을 하시는 것이라.
55) **사7:14** 주께서 친히 징조를 너희에게 주실 것이라. 보라, 처녀가 잉태하여 아들을 낳을 것이요, 그의 이름을 임마누엘이라 하리라.
눅1:35 천사가 대답하여 이르되, 성령이 네게 임하시고 지극히 높으신 이의 능력이 너를 덮으시리니, 이러므로 나실 바 거룩한 이는 하나님의 아들이라 일컬어지리라.
56) **요6:38,40** 내가 하늘에서 내려온 것은 내 뜻을 행하려 함이 아니요, 나를 보내신 이의 뜻을 행하려 함이니라. 내 아버지의 뜻은 아들을 보고 믿는 자마다 영생을 얻는 이것이니,
요1:14 우리가 그의 영광을 보니 아버지의 독생자의 영광이요 은혜와 진리가 충만하더라.
마17:5 구름 속에서 소리가 나서 이르시되, 이는 내 사랑하는 아들이요 내 기뻐하는 자니, 너희는 그의 말을 들으라 하시는지라.

예수님은 사람들의 죄를 한꺼번에 대신 속죄하는 제물로 죽기 위하여 오셨다(마20:28, 요1:29). 성자가 순종하는 처녀의 아들로 태어난 예수님은 죄가 없으므로 사람들의 죄를 대속하는 희생 제물로 적합하였다(요일 3:5).[57]

예수님이 그리스도로 오셨으나(마1:21), 죄로 덮인 세상이 그를 알아보지 못하고(요1:5) 하나님의 아들이라고 한다는 이유로 죽였다.[58]

하나님께서 그리스도 예수님의 죽으심으로 사람들의 모든 죄가 대신 속죄되게 하셨다(갈1:4). 그리고 죄인이 그 대속 은혜를 영접하고 죄를 회개하면 죄를 사하셔서 하나님께 돌아올 수 있게 하신다(행2:38). 죄인 구원 계획이고 하나님의 능력이다(고전1:24).[59]

예수님은 대속 제물로 죽으러 오셨으므로, 희생 제물의 고난과 죽음 앞에서 하나님 뜻에 따르겠다고 기도하셨고(눅22:42), 반항하지 않고 잡히셨고(요18:11), 아무런 변명을 하지 않고(막15:5), 죽으셨다.[60]

---

57) **마20:28** 인자가 온 것은 섬김을 받으려 함이 아니라 도리어 섬기려 하고 자기 목숨을 많은 사람의 대속물로 주려 함이니라.
요1:29 요한이 예수께서 자기에게 나아오심을 보고 이르되, 보라 세상 죄를 지고 가는 하나님의 어린 양이로다
요일3:5 그가 우리 죄를 없애려고 나타나신 것을 너희가 아나니, 그에게는 죄가 없느니라.
58) **마1:21** 아들을 낳으리니 이름을 예수라 하라. 이는 그가 자기 백성을 그들의 죄에서 구원할 자이심이라 하니라.
요1:5 빛이 어둠에 비치되 어둠이 깨닫지 못하더라
59) **갈1:4** 그리스도께서 하나님 곧 우리 아버지의 뜻을 따라 이 악한 세대에서 우리를 건지시려고 우리 죄를 대속하기 위하여 자기 몸을 주셨으니,
행2:38 너희가 회개하여 각각 예수 그리스도의 이름으로 세례를 받고 죄 사함을 받으라. 그리하면 성령의 선물을 받으리니,
고전1:24 오직 부르심을 받은 자들에게는 유대인이나 헬라인이나 그리스도는 하나님의 능력이요 하나님의 지혜니라.

그리고 하나님의 능력으로 죽은 자 가운데서 부활하셔서 죄인이 죽어 의인으로 거듭나는 길을 만드시고(벧전1:3) 따라오라 하신다(벧전2:21,24). 그리고 승천하셔서 하나님 우편에 앉으시고 죄인 구원을 위하여 중보하신다(딤전2:5).[61]

4-3. 그리스도는 자기 죽음으로 죄인들의 죄를 대속하셨다

하나님께서 사람을 하나님 형상대로 창조하셔서 하나님의 백성으로 살게 하셨는데, 사람이 하나님 뜻을 어긴 죄로 인하여 하나님과 분리되었다(사59:2). 그래서 죄인은 영생이 차단되어 죽을 존재로 전락하고, 하나님과 교제하지 못하여 영적으로 죽고(엡4:18) 하나님의 백성으로 살지 못한다.[62]

---

60) **눅22:42** 아버지여, 만일 아버지의 뜻이거든 이 잔을 내게서 옮기시옵소서. 그러나 내 원대로 마시옵고 아버지의 원대로 되기를 원하나이다.
요18:11 예수께서 베드로더러 이르시되, 칼을 칼집에 꽂으라. 아버지께서 주신 잔을 내가 마시지 아니하겠느냐.
막15:5 예수께서 다시 아무 말씀으로도 대답하지 아니하시니, 빌라도가 놀랍게 여기더라.
61) **벧전1:3** 예수 그리스도를 죽은 자 가운데서 부활하게 하심으로 말미암아 우리를 거듭나게 하사 산 소망이 있게 하시며,
벧전2:21,24 그리스도도 너희를 위하여 고난을 받으사 너희에게 본을 끼쳐 그 자취를 따라오게 하려 하셨느니라 … 이는 우리로 죄에 대하여 죽고 의에 대하여 살게 하려 하심이라.
딤전2:5 하나님은 한 분이시요 또 하나님과 사람 사이의 중보자도 한 분이시니 곧 사람이신 그리스도 예수라.
62) **사59:2** 오직 너희 죄악이 너희와 하나님 사이를 갈라놓았고, 너희 죄가 그의 얼굴을 가리어서 너희에게서 듣지 않으시게 함이니라.
엡4:18 그들의 총명이 어두워지고 그들 가운데 있는 무지함과 그들의 마음이 굳어짐으로 말미암아 하나님의 생명에서 떠나 있도다.

죄인이 다시 하나님의 백성으로 살아가려면 죄인과 하나님 사이를 분리시키는 죄를 없애야 한다. 죄를 없애려면 죄인의 생명으로 죄의 삯을 치루어야 한다(히9:22, 겔18:20).[63]

　하나님께서 특별한 은혜를 베푸셔서 죄인이 자기 죄를 속죄하기 위하여 동물의 희생 제사를 드리면 그 죄가 대속되게 하셨지만(레17:11), 동물의 피로 드리는 속죄는 완전하지 못했다(히10:4).[64]

　모든 사람이 창조주 하나님께 죄를 짓고 하나님을 떠나 영생을 잃고 죄의 흑암 속에서 살아갈 때 하나님께서 그들을 구원하시기 위하여 독생자를 그리스도로 보내셨고(요3:16), 하나님의 아들이 하나님 뜻에 따라 구원자 예수로 오셔서 대속 제물로 죽으셨다(히10:9-10).[65]

　죄가 없는 예수 그리스도가 모든 사람의 모든 죄를 짊어지고 십자가에서 죽으심으로 모든 사람의 모든 죄를 대신 속죄하셨다(벧전1:18-19). 그것은 예수님의 죽으심으로 사람들의 모든 죄값을 대신 치르신 것으로 여기시고 그 대속 은혜를 받아들인 죄인을 구원하시는 것이고(롬6:3), 하나님과 그리스도의 구원 주권의 권능이다.[66]

---

63) **히9:22** 율법을 따라 거의 모든 물건이 피로써 정결하게 되나니, 피흘림이 없은즉 사함이 없느니라.
　　겔18:20 범죄하는 그 영혼은 죽을지라. 아들은 아버지의 죄악을 담당하지 아니할 것이요 아버지는 아들의 죄악을 담당하지 아니하리니, 의인의 공의도 자기에게로 돌아가고 악인의 악도 자기에게로 돌아가리라.
64) **레17:11** 내가 이 피를 너희에게 주어 제단에 뿌려 너희의 생명을 위하여 속죄하게 하였나니, 생명이 피에 있으므로 피가 죄를 속하느니라.
　　히10:4 이는 황소와 염소의 피가 능히 죄를 없이 하지 못함이라.
65) **요3:16** 하나님이 세상을 이처럼 사랑하사 독생자를 주셨으니, 이는 그를 믿는 자마다 멸망하지 않고 영생을 얻게 하려 하심이라.
　　히10:9-10 내가 하나님의 뜻을 행하러 왔나이다 … 이 뜻을 따라 예수 그리스도의 몸을 단번에 드리심으로 말미암아 우리가 거룩함을 얻었노라.

예수님은 모든 생명을 창조하시고 다스리시는 생명 주권자이므로, 예수님 한 사람의 생명으로 모든 사람의 죄를 전부 대속하실 수 있다(요일2:2). 또 시간과 공간을 초월하시는 하나님이시므로 산 자와 죽은 자의 과거·현재·미래의 모든 죄를 한꺼번에 대속하실 수 있다(히10:14).[67]

그러나 예수님의 대신 속죄는 죄인의 속죄가 아니므로 예수님께서 죽으실 때에 사람들의 모든 죄가 곧바로 속죄되는 것은 아니다. 죄인이 예수님께서 자기 죄를 대속하셨음을 믿고 그 예수님을 자기 구주로 영접하고 자기 죄를 회개하여야 비로소 회개한 죄에 대하여 속죄의 효과가 생겨 그 죄를 사함 받는다(요일1:7,9).[68]

4-4. 그리스도는 죽으시고 부활하심으로 구원의 길을 만드셨다

예수 그리스도는 사람들의 모든 죄를 대속하는 희생 제물로 죽으셨다가 40시간 만에 죄를 털어낸 의인으로 부활하셨다. 예수님의 죽으심은 사람들의 죄를 대신 속죄하는 일이었고, 부활하심은 죄를 털어내고 의인으로

---

66) **벧전1:18-19** 너희가 … 헛된 행실에서 대속함을 받은 것은 … 오직 흠 없고 점 없는 어린 양 같은 그리스도의 보배로운 피로 된 것이니라.
   롬6:3 무릇 그리스도 예수와 합하여 세례를 받은 우리는 그의 죽으심과 합하여 세례를 받은 줄을 알지 못하느냐
67) **요일2:2** 그는 우리 죄를 위한 화목 제물이니 우리만 위할 뿐 아니요 온 세상의 죄를 위하심이라.
   히10:14 그가 거룩하게 된 자들을 한번의 제사로 영원히 온전하게 하셨느니라
68) **요일1:7,9** 그 아들 예수의 피가 우리를 모든 죄에서 깨끗하게 하실 것이요, 만일 우리가 우리 죄를 자백하면 그는 미쁘시고 의로우사 우리 죄를 사하시며 우리를 모든 불의에서 깨끗하게 하실 것이요

거듭나는 일이었다(롬4:25).⁶⁹⁾

    예수님은 이러한 그리스도의 사명을 수행하기 위하여 죽으셨다가 부활하시는 권능을 가지고 오셨고(요10:17-18), 죽으셨다가 부활하심으로 죄와 사망의 권세를 무너뜨리시고 죄인을 죽음에서 해방시키는 길을 만드셨다(히2:14-15).⁷⁰⁾

    그리스도는 사람들의 죄 때문에 죽으셨고 사람들을 의롭게 거듭나게 하시기 위하여 부활하셨다(롬6:10-11). 그리스도의 죽으심과 부활하심은 죄인이 죄에 대하여 죽고 의인으로 거듭나 하나님께 나아가는 길을 만드신 것이고(롬5:10, 벧전1:3-4), 죄인을 하나님의 성도로 바꾸시는 구원 계획이었다(행2:23).⁷¹⁾

    그래서 예수님께서 죄인으로 죽었다가 부활하실 것을 3차례나 미리 알리셨고 그대로 실현하셨다.

---

69) **롬4:25** 예수는 우리가 범죄한 것 때문에 내줌이 되고 또한 우리를 의롭다 하시기 위하여 살아나셨느니라.
70) **요10:17-18** 내가 내 목숨을 버리는 것은 그것을 내가 다시 얻기 위함이니 --- 나는 버릴 권세도 있고 다시 얻을 권세도 있으니 이 계명은 내 아버지에게서 받았노라.
    히2:14-15 혈과 육을 함께 지니심은 죽음을 통하여 죽음의 세력을 잡은 자 곧 마귀를 멸하시며 또 죽기를 무서워하므로 한평생 매여 종 노릇 하는 모든 자들을 놓아 주려 하심이라.
71) **롬6:10-11** 그가 죽으심은 죄에 대하여 단번에 죽으심이요 그가 살아 계심은 하나님께 대하여 살아 계심이니, 이와 같이 너희도 너희 자신을 죄에 대하여는 죽은 자요 그리스도 예수 안에서 하나님께 대하여는 살아 있는 자로 여길지어다.
    롬5:10 우리가 원수 되었을 때에 그의 아들의 죽으심으로 말미암아 하나님과 화목하게 되었은즉 화목하게 된 자로서는 더욱 그의 살아나심으로 말미암아 구원을 받을 것이니라.
    벧전1:3-4 예수 그리스도를 죽은 자 가운데서 부활하게 하심으로 말미암아 우리를 거듭나게 하사 산 소망이 있게 하시며, 썩지 않고 더럽지 않고 쇠하지 아니하는 유업을 잇게 하시나니,
    행2:23 그가 하나님께서 정하신 뜻과 미리 아신 대로 내준 바 되었거늘,

예수님의 죽으심(대신 속죄, 죄 사함)은 부활하심(의인으로 거듭남, 하나님 백성)을 얻기 위한 수순이다(요10:17). 죽으신 뒤에 부활하심이 더 중요하다.[72]

그래서 부활하신 후 40일간 부활하신 모습을 두루 보이셔서 죄인으로 죽고 의인으로 부활하는 구원의 길을 널리 알리셨다. 죽으신 뒤 부활하시지 않았다면 계속 죄의 사망 권세 아래에 있을 것이니 구원의 길은 열리지 않았을 것이다(고전15:17).[73]

예수님은 죽으심과 부활하심으로 하나님의 구원 계획을 이루셨기에 구주가 되시고(행2:36, 빌2:9,11) 하늘 천국으로 올려져 하나님 우편에 앉으셨다(막16:19).[74]

사람 예수께서 죄인의 모습으로 죽으셨다가 의인으로 부활하시고 승천하신 것은 사람들에게 본을 보이신 것이다(벧전2:21,24). 예수 아닌 사람도 사람 예수를 구주로 섬기면 죄인으로 죽고 의인으로 거듭나 구원받을 수 있다(롬10:9). 이것이 죄인 구원의 길이고 하나님의 죄인 구원 방법이다.[75]

---

72) **요10:17** 내가 내 목숨을 버리는 것은 그것을 내가 다시 얻기 위함이니, 이로 말미암아 아버지께서 나를 사랑하시느니라.
73) **고전15:17** 그리스도께서 다시 살아나신 일이 없으면 너희의 믿음도 헛되고 너희가 여전히 죄 가운데 있을 것이요,
74) **행2:36** 이스라엘 온 집은 확실히 알지니, 너희가 십자가에 못 박은 이 예수를 하나님이 주와 그리스도가 되게 하셨느니라.
 빌2:9,11 이러므로 하나님이 그를 지극히 높여 모든 이름 위에 뛰어난 이름을 주사 … 모든 입으로 예수 그리스도를 주라 시인하여 하나님 아버지께 영광을 돌리게 하셨느니라.
 막16:19 주 예수께서 말씀을 마치신 후에 하늘로 올려져 사 하나님 우편에 앉으시니라.
75) **벧전2:21,24** 그리스도도 너희를 위하여 고난을 받으사 너희에게 본을 끼쳐 그 자취를 따라오게 하려 하셨느니라 … 이는 우리로 죄에 대하여 죽고 의에 대하여 살게 하려 하심이라.
 롬10:9 네가 만일 네 입으로 예수를 주로 시인하며 또 하나님께서 그를 죽은 자 가운데서 살리신 것을 네 마음에 믿으면 구원을 받으리라.

4-5. 그리스도의 대신 속죄와 부활은 생명 주권의 권능이다

　죄의 삯은 사망이므로 죄인의 생명으로 죄값을 치루어야 한다. 그러나 하나님께서 그리스도의 죽으심으로 모든 사람의 모든 죄를 대신 속죄하게 하시고, 그 대신 속죄를 받아들여 죄인이 회개하면 그 죄를 사면하셔서 죄인이 죄와 사망에서 벗어나고 의인으로 거듭나 하나님 백성으로 살아갈 수 있게 하신다.

　그러한 일은 하나님의 생명 주권에 속한 일이다. 그래서 성부 하나님께서 아들에게도 생명 주권을 주셔서 그리스도의 사명을 수행하게 하셨다(요5:26-27, 눅5:24).[76]

　그러한 생명 주권은 예수님에게만 주어졌으므로 예수님만 유일한 구주이시다(행4:12). 오직 예수 그리스도만 죄인을 구원하여 하나님 백성으로 되게 하실 수 있다(히7:25).[77]

---

76) **요5:26-27** 아버지께서 자기 속에 생명이 있음 같이 아들에게도 생명을 주어 그 속에 있게 하셨고, 또 인자됨으로 말미암아 심판하는 권한을 주셨느니라.
눅5:24 인자가 땅에서 죄를 사하는 권세가 있는 줄을 너희로 알게 하리라
77) **행4:12** 다른 이로써는 구원을 받을 수 없나니, 천하 사람 중에 구원을 받을 만한 다른 이름을 우리에게 주신 일이 없음이라.
히7:25 그러므로 자기를 힘입어 하나님께 나아가는 자들을 온전히 구원하실 수 있으니,
78) **요10:10** 내가 온 것은 양으로 생명을 얻게 하고 더 풍성히 얻게 하려는 것이라.
롬3:24 그리스도 예수 안에 있는 속량으로 말미암아 하나님의 은혜로 값없이 의롭다 하심을 얻은 자 되었느니라.
요5:24 내 말을 듣고 또 나 보내신 이를 믿는 자는 영생을 얻었고 심판에 이르지 아니하나니 사망에서 생명으로 옮겼느니라.
요일5:11-12 증거는 이것이니, 하나님이 우리에게 영생을 주신 것과 이 생명이 그의 아들 안에 있는 그것이니라. 아들이 있는 자에게는 생명이 있고, 하나님의 아들이 없는 자에게는 생명이 없느니라.

예수 그리스도는 생명과 구원의 주권자이시므로, 예수 그리스도를 자기 구주로 영접하고 섬기는 자는 구주의 생명 주권과 구원 주권에 의하여 풍성한 생명을 얻고(요10:10) 죄를 사면받고 의롭다고 여겨지고(롬3:24) 사망에서 옮겨져(요5:24) 영생을 얻게 된다(요일5:11-12).[78]

4-6. 예수님은 구원을 시작하시고 인도하시고 완성하시는 구주이시다

하나님께서 아들에게 생명 주권을 주어 그리스도로 보내셨고, 예수 그리스도께서 죽으셨다가 부활하심으로 구원의 길을 만드시자 예수를 구주로 세우셨다(행2:36, 빌2:8-11). 그래서 예수 그리스도는 죄인 구원의 권능을 가지신 유일한 구주이시다(계7:10).[79]

그래서 예수 그리스도는 죄인이 구원받아 하나님 백성으로 되는 유일한 길이요 진리요 생명이시다(요14:6). 예수님은 영원히 살아계셔서 자기를 구주로 믿고 따르는 사람들을 온전히 구원하신다(히5:9, 히7:24-25).[80]

---

79) **행2:36** 너희가 십자가에 못 박은 이 예수를 하나님이 주와 그리스도가 되게 하셨느니라.
빌2:8-11 사람의 모양으로 나타나사 자기를 낮추시고 죽기까지 복종하셨으니 곧 십자가에서 죽으심이라. 이러므로 하나님이 그를 지극히 높여 모든 이름 위에 뛰어난 이름을 주사 … 모든 무릎을 예수의 이름에 꿇게 하시고 모든 입으로 예수 그리스도를 주라 시인하여 하나님 아버지께 영광을 돌리게 하셨느니라.
계7:10 구원하심이 보좌에 앉으신 우리 하나님과 어린 양에게 있도다.
80) **요14:6** 예수께서 이르시되, 내가 곧 길이요 진리요 생명이니, 나로 말미암지 않고는 아버지께로 올 자가 없느니라.
히5:9 자기에게 순종하는 모든 자에게 영원한 구원의 근원이 되시고
히7:24-25 예수는 영원히 계시므로 그 제사장 직분도 갈리지 아니하느니라. 그러므로 자기를 힘입어 하나님께 나아가는 자들을 온전히 구원하실 수 있으니, 이는 그가 항상 살아 계셔서 그들을 위하여 간구하심이라.

예수 그리스도는 죽으셨다가 부활하심으로 구원의 길을 마련하셔서 구원을 시작하시고(벧전1:3), 성령을 보내어 구원의 삶으로 인도하시고(요14:16, 요14:26) 마지막 때에 심판주로 오셔서 천국 백성으로 적합하게 성화된 자를 하늘 천국으로 들어올리셔서 구원을 완성하신다(살전4:16-17).[81]

예수 그리스도는 구원을 시작하시고 인도하시고 완성하시는 구주이시므로(히12:2), 누구든지 예수 그리스도를 자기의 구주로 섬기고 따르는 자는 자기의 선행이 아니라 구주의 구원 권능에 의하여 구원을 얻는다(롬10:13).[82]

구원은 구주의 구원 권능과 은혜로 주어지는 것이므로(엡2:4,8), 죄인이 그리스도의 대속 은혜를 영접하여야 죄를 회개하여 사면받을 수 있다. 예수가 그리스도이심을 부정하거나 나의 죄를 대속하신 구주로 영접하지 않으면, 그리스도의 대속 은혜를 받지 못하여 죄를 회개하여도 사면받지 못한다(딛3:5, 요일5:12).[83]

---

81) **벧전1:3** 예수 그리스도를 죽은 자 가운데서 부활하게 하심으로 말미암아 우리를 거듭나게 하사 산 소망이 있게 하시며,
요14:16 내가 아버지께 구하겠으니 그가 또 다른 보혜사를 너희에게 주사 영원토록 너희와 함께 있게 하리니,
요14:26 보혜사 곧 아버지께서 내 이름으로 보내실 성령 그가 너희에게 모든 것을 가르치고 내가 너희에게 말한 모든 것을 생각나게 하리라.
살전4:16-17 주께서 호령과 천사장의 소리와 하나님의 나팔 소리로 친히 강림하시리니, 그리스도 안에서 죽은 자들이 먼저 일어나고, 그 후에 우리 살아남은 자들도 그들과 함께 구름 속으로 끌어 올려 공중에서 주를 영접하게 하시리니, 그리하여 우리가 항상 주와 함께 있으리라.

82) **히12:2** 우리 믿음의 시작이며 또 믿음을 완전하게 하시는 주님만을 바라봅시다. 〈쉬운성경〉
롬10:13 누구든지 주의 이름을 부르는 자는 구원을 받으리라.

죄인이 예수님의 대속 은혜를 영접하고 죄를 회개하면, 죄를 사함받고 의롭다고 여겨져 하나님 앞에 나아가 하나님의 백성으로 살아갈 수 있다 (히9:14).[84]

---

83) **엡2:4,8** 긍휼이 풍성하신 하나님이 우리를 사랑하신 그 큰 사랑을 인하여 … 너희는 그 은혜에 의하여 믿음으로 말미암아 구원을 받았으니, 이것은 너희에게서 난 것이 아니요 하나님의 선물이라.
딛3:5 우리를 구원하시되 우리가 행한 바 의로운 행위로 말미암지 아니하고 오직 그의 긍휼하심을 따라 중생의 씻음과 성령의 새롭게 하심으로 하셨나니,
요일5:12 아들이 있는 자에게는 생명이 있고, 하나님의 아들이 없는 자에게는 생명이 없느니라.
84) **히9:14** 흠 없는 자기를 하나님께 드린 그리스도의 피가 어찌 너희 양심을 죽은 행실에서 깨끗하게 하고 살아 계신 하나님을 섬기게 하지 못하겠느냐.

5.
죄인이 구주를 영접하고 회개하면
구원이 시작된다

5-1. 그리스도의 대신 속죄는 죄인의 회개가 있어야 속죄 효과가 생긴다

하나님께 지은 죄의 삯은 사망이므로(롬6:23), 죄인의 생명으로 속죄해야 하고(레17:11) 대신 속죄는 허용되지 않는다(겔18:20).[85]

그런데 하나님의 죄인 구원 계획에 따라 예수님께서 대속 제물로 죽으심으로 모든 사람의 모든 죄를 대신 속죄하셨다(갈1:4, 요일2:2).[86]

그러나 그것은 대신 속죄일 뿐이고 죄인이 자기 생명으로 속죄한 것이 아니므로 예수님의 대신 속죄로 인하여 모든 죄인의 모든 죄가 곧바로 속죄되는 것이 아니다. 예수님의 대신 속죄 위에 죄인의 회개가 합쳐져야 그 죄가 속죄된다.

죄인이 예수님을 자기 죄를 대속하신 그리스도라고 믿고 자기 구주로 영접하고 구주 앞에 죄를 고백하고 회개할 때, 예수님의 대신 속죄와 죄인의 회개가 합쳐져 죄인의 자기 속죄로 인정되고 회개한 죄를 사면받게 된다(롬6:3).[87]

---

85) **롬6:23** 죄의 삯은 사망이요,
레17:11 생명이 피에 있으므로 피가 죄를 속하느니라.
겔18:20 범죄하는 그 영혼은 죽을지라. 아들은 아버지의 죄악을 담당하지 아니할 것이요 아버지는 아들의 죄악을 담당하지 아니하리니, 의인의 공의도 자기에게로 돌아가고 악인의 악도 자기에게로 돌아가리라.
86) **갈1:4** 그리스도께서 하나님 곧 우리 아버지의 뜻을 따라 이 악한 세대에서 우리를 건지시려고 우리 죄를 대속하기 위하여 자기 몸을 주셨으니,
요일2:2 그는 우리 죄를 위한 화목 제물이니, 우리만 위할 뿐 아니요 온 세상의 죄를 위하심이라.
87) **롬6:3** 무릇 그리스도 예수와 합하여 세례를 받은 우리는 그의 죽으심과 합하여 세례를 받은 줄을 알지 못하느냐.

회개는 하나님 뜻을 어긴 죄를 뉘우치고 그 뉘우침에 합당하게 하나님께 돌아가 하나님 뜻에 순종하며 살아가는 것이다(행26:20, 딛2:14). 그래서 하나님께서 기뻐하시고 회개한 죄를 사하시고 의롭다고 여기셔서(요일1:9) 의로우신 하나님 앞에 나아올 수 있게 하시고(히9:14) 성령을 주셔서 하나님 백성으로 살아가게 인도하신다(행2:38, 롬6:22).[88]

죄인의 회개는 구원받기 위한 필수 요건이지만, 회개한 뒤 구원을 받아들여야 회개의 열매를 맺어 하나님의 백성으로 살아갈 수 있다(마3:8). 그래서 예수님께서 죄인을 구원하러 왔으니 회개하고 복음을 믿고 구원받으라 말씀하셨다(눅5:32, 막1:15).[89]

5-2. 예수님을 구주로 영접하고 죄를 회개하면 죄를 사함 받고 의롭다고 여겨진다

하나님께서 그리스도를 대속 제물로 희생시켜 모든 사람들의 모든 죄를

---

88) **행26:20** 회개하고 하나님께로 돌아와서 회개에 합당한 일을 하라
딛2:14 그가 우리를 대신하여 자신을 주심은 모든 불법에서 우리를 속량하시고 우리를 깨끗하게 하사 선한 일을 열심히 하는 자기 백성이 되게 하려 하심이라.
요일1:9 만일 우리가 우리 죄를 자백하면 그는 미쁘시고 의로우사 우리 죄를 사하시며 우리를 모든 불의에서 깨끗하게 하실 것이요,
히9:14 흠 없는 자기를 하나님께 드린 그리스도의 피가 어찌 너희 양심을 죽은 행실에서 깨끗하게 하고 살아 계신 하나님을 섬기게 하지 못하겠느냐.
행2:38 너희가 회개하여 각각 예수 그리스도의 이름으로 세례를 받고 죄 사함을 받으라. 그리하면 성령의 선물을 받으리니,
롬6:22 이제는 너희가 죄로부터 해방되고 하나님께 종이 되어 거룩함에 이르는 열매를 맺었으니, 그 마지막은 영생이라.
89) **마3:8** 그러므로 회개에 합당한 열매를 맺고,
눅5:32 내가 의인을 부르러 온 것이 아니라 죄인을 불러 회개시키러 왔노라.
막1:15 때가 찼고 하나님의 나라가 가까이 왔으니 회개하고 복음을 믿으라.

대신 속죄하게 하시고, 죄인이 그리스도의 대신 속죄를 영접하고 자기 죄를 회개하면, 그리스도의 대신 속죄와 죄인의 회개를 합쳐 죄인의 자기 속죄로 인정하시고 회개한 죄를 사면하시고 의롭다고 여기셔서 하나님 앞에 나아갈 수 있게 하신다(롬3:24, 롬5:1). 이것이 1단계 구원 칭의(稱義)이다.[90]

죄인이 예수 그리스도를 구주로 영접하고 구주 앞에 자기 죄를 고백하고 회개하여도 그 죄의 흔적이 지워지거나 그의 죄성이 없어지는 것은 아니다. 그런데도 하나님은 회개한 죄인이 하나님 백성으로 살아갈 수 있게 하시기 위하여, 그가 회개한 죄를 다 용서하시고 죄성이 있는 그를 의롭다고 여기시고(요일1:9), 그 죄를 기억에서 지우시고(사43:25), 하나님 자녀로 되는 자격과 성령을 주셔서 하나님 자녀로 살아가게 하신다(요1:12, 갈4:6).[91]

죄 사함과 칭의는 죄인의 회개의 능력이나 효과가 아니라, 죄인의 구주 영접과 회개에 대하여 베풀어 주시는 하나님의 구원 권능과 은혜이다(엡2:8). 하나님 자녀의 자격과 성령을 주심도 같다.[92]

---

90) **롬3:24** 그리스도 예수 안에 있는 속량으로 말미암아 하나님의 은혜로 값없이 의롭다 하심을 얻은 자 되었느니라.
롬5:1 우리가 믿음으로 의롭다 하심을 받았으니 우리 주 예수 그리스도로 말미암아 하나님과 화평을 누리자.
91) **요일1:9** 만일 우리가 우리 죄를 자백하면 그는 미쁘시고 의로우사 우리 죄를 사하시며 우리를 모든 불의에서 깨끗하게 하실 것이요,
사43:25 나는 나를 위하여 네 허물을 도말하는 자니 네 죄를 기억하지 아니하리라.
요1:12 영접하는 자 곧 그 이름을 믿는 자들에게는 하나님의 자녀가 되는 권세를 주셨으니,
갈4:6 너희가 아들이므로 하나님이 그 아들의 영을 우리 마음 가운데 보내사 아빠 아버지라 부르게 하셨느니라.
92) **엡2:8** 너희는 그 은혜에 의하여 믿음으로 말미암아 구원을 받았으니 이것은 너희에게서 난 것이 아니요 하나님의 선물이라.

그것은 하나님을 떠났던 죄를 회개하고 하나님께 돌아와서 성령의 인도에 따라 하나님의 자녀로 하나님과 함께 살아가라는 소명이고 특별 은혜이다(살전5:10).[93]

하나님께 죄를 지은 죄인이 구주를 영접하고 죄를 회개하여 죄를 사면받고 의인으로 여겨지면 죄의 분리장벽이 해소되어 하나님 앞에 나아갈 수 있게 되고(히10:19-20), 성령의 인도에 순종하여 하나님 뜻에 맞게 살아가면 하나님의 자녀로서 하나님과 함께 영생할 수 있게 된다(롬6:22).[94]

5-3. 죄를 회개하고 하나님께 돌아오면 새로운 인생을 열어 주신다

하나님께서 그리스도의 죽으심과 부활하심으로 죄인이 의인으로 거듭나는 길을 만들어 놓으시고(롬5:10, 벧전1:3), 죄인이 구원 받기를 기다리

---

93) **살전5:10** 예수께서 우리를 위하여 죽으사 우리로 하여금 깨어 있든지 자든지 자기와 함께 살게 하려 하셨느니라.
94) **히10:19-20** 형제들아, 우리가 예수의 피를 힘입어 성소에 들어갈 담력을 얻었나니, 그 길은 우리를 위하여 휘장 가운데로 열어 놓으신 새로운 살 길이요,
롬6:22 이제는 너희가 죄로부터 해방되고 하나님께 종이 되어 거룩함에 이르는 열매를 맺었으니 그 마지막은 영생이라.
95) **롬5:10** 우리가 원수 되었을 때에 그의 아들의 죽으심으로 말미암아 하나님과 화목하게 되었은즉 화목하게 된 자로서는 더욱 그의 살아나심으로 말미암아 구원을 받을 것이니라.
벧전1:3 예수 그리스도를 죽은 자 가운데서 부활하게 하심으로 말미암아 우리를 거듭나게 하사 산 소망이 있게 하시며,
딤전2:4 하나님은 모든 사람이 구원을 받으며 진리를 아는 데에 이르기를 원하시느니라.
사30:18 여호와께서 기다리시나니 이는 너희에게 은혜를 베풀려 하심이요, 일어나시리니 이는 너희를 긍휼히 여기려 하심이라.
눅15:7 죄인 한 사람이 회개하면 하늘에서는 회개할 것 없는 의인 아흔아홉으로 말미암아 기뻐하는 것보다 더하리라.

시고(딤전2:4, 사30:18), 하나님을 떠났던 죄인이 회개하고 하나님께 돌아온 것을 무척 기뻐하시고(눅15:7), 그의 인생을 바꾸어 하나님 자녀로 살아가게 하시는 은혜를 베푸신다.[95]

①죄인이 회개한 죄를 다 사면하시고(요일1:9, 죄 사함), ②정죄 심판을 받지 않게 하시고(롬8:1-2, 정죄 사면), ③죄 없는 의인으로 여기시고(롬3:24, 칭의), ④죄의 분리장벽이 해소되어 하나님께 나아갈 수 있게 하신다(히9:14. 히10:19-20, 분리 해소).[96]

그 위에 ⑤하나님의 자녀로 되는 자격을 주시고(요1:12, 자녀 자격), ⑥성령을 주셔서(갈4:6) 영적 존재로 거듭나게 하시고(엡2:5, 고전3:16 영적 거듭남), ⑦성령을 내주시켜 구원 받는 삶으로 인도하시고(요14:26, 요16:13 구원 받는 삶), ⑧성령의 인도에 따라 하나님 뜻을 준행하면 하나님 자녀로 인정하시고 독생자와 함께 하나님 나라를 상속받게 하신다(롬8:14,17 천국 백성).[97]

죄 사함과 의롭다 여기심은 죄의 분리장벽을 해소하여 하나님 앞에 나아갈 수 있는 자격을 주시는 은혜이고, 그 기본 자격 위에 하나님 자녀의 자격과 성령을 주셔서 하나님 자녀의 존귀한 인생을 살아가도록 인도하시

---

96) **요일1:9** 만일 우리가 우리 죄를 자백하면 그는 미쁘시고 의로우사 우리 죄를 사하시며 우리를 모든 불의에서 깨끗하게 하실 것이요,
롬8:1-2 이제 그리스도 예수 안에 있는 자에게는 결코 정죄함이 없나니, 이는 그리스도 예수 안에 있는 생명의 성령의 법이 죄와 사망의 법에서 너를 해방하였음이라.
롬3:24 그리스도 예수 안에 있는 속량으로 말미암아 하나님의 은혜로 값없이 의롭다 하심을 얻은 자 되었느니라.
히9:14 흠 없는 자기를 하나님께 드린 그리스도의 피가 어찌 너희 양심을 죽은 행실에서 깨끗하게 하고 살아 계신 하나님을 섬기게 하지 못하겠느냐.
히10:19-20 형제들아, 우리가 예수의 피를 힘입어 성소에 들어갈 담력을 얻었나니, 그 길은 우리를 위하여 휘장 가운데로 열어 놓으신 새로운 살 길이요,

는 것이다.

사람이 하나님의 구원을 받아들이면 하나님과 동거할 수 있는 자녀의 자격을 주셔서 그 인생을 하나님 자녀의 인생으로 존귀하게 높여 주신다(약4:10). 하나님과 동거하며 친밀하게 교제하고(롬5:11) 예수님과 공동으로 하나님 나라를 차지하게 하신다(롬8:16-17).[98]

죄인을 구원하여 하나님 자녀로 존귀하게 살아가게 하시려는 하나님의 열망이고 특별 은혜이고, 구원을 받아들여 하나님의 자녀로서 차원 높게 살아가라는 소명이다.

5-4. 죄인의 구주 영접과 죄의 회개는 어떻게 하는 것인가?

하나님께 지은 죄를 회개하는 것은 하나님 뜻을 어기고 하나님을 떠난

---

97) **요1:12** 영접하는 자 곧 그 이름을 믿는 자들에게는 하나님의 자녀가 되는 권세를 주셨으니,
갈4:6 너희가 아들이므로 하나님이 그 아들의 영을 우리 마음 가운데 보내사 아빠 아버지라 부르게 하셨느니라.
엡2:5 허물로 죽은 우리를 그리스도와 함께 살리셨고(너희는 은혜로 구원을 받은 것이라),
고전3:16 너희는 너희가 하나님의 성전인 것과 하나님의 성령이 너희 안에 계시는 것을 알지 못하느냐.
요14:26 보혜사 곧 아버지께서 내 이름으로 보내실 성령 그가 너희에게 모든 것을 가르치고 내가 너희에게 말한 모든 것을 생각나게 하리라.
요16:13 진리의 성령이 오시면 그가 너희를 모든 진리 가운데로 인도하시리니,
롬8:14,17 무릇 하나님의 영으로 인도함을 받는 사람은 곧 하나님의 아들이라. 자녀이면 또한 상속자 곧 하나님의 상속자요 그리스도와 함께 한 상속자니,
98) **약4:10** 주 앞에서 낮추라. 그리하면 주께서 너희를 높이시리라.
롬5:11 이제 우리로 화목하게 하신 우리 주 예수 그리스도로 말미암아 하나님 안에서 또한 즐거워하느니라.
롬8:16-17 성령이 친히 우리의 영과 더불어 우리가 하나님의 자녀인 것을 증언하시나니, 자녀이면 또한 상속자 곧 하나님의 상속자요 그리스도와 함께 한 상속자니,

죄를 털어내고 하나님께 돌아가 하나님 뜻에 따라 살아가기로 결단하는 것이다. 그 결단에 따라 하나님께 죄를 사함 받고 의롭다고 여겨졌으면 실제로 하나님께 돌아가 성령의 인도를 받아 하나님 뜻대로 살아가야 한다.

(1) 내가 하나님의 형상대로 살지 않고 내가 주인 되어 내 뜻대로 살아온 죄를 인정하고, 그 죄를 대신 속죄하신 예수님을 나를 구원하시는 주님으로 섬긴다(갈2:20). 내가 구주를 영접할 때부터 구원이 완성될 때까지 나의 구원을 구주의 권능과 은혜에 맡긴다(시37:5-6, 롬14:8).[99]

(2) 죄를 용서받고 의롭다고 여겨져 하나님의 성도로 되었으니 하나님 성도의 인생을 살아간다(롬6:11, 고후5:17). 구원이 완성될 때까지 예수 그리스도와 성령님을 인생의 주님으로 섬기며 모든 일에 성령님의 인도를 구하고 순종하여 하나님 뜻에 따라 살아간다(엡4:30).[100]

(3) 구주 영접과 죄의 고백·회개는 사람의 중심을 보시는 하나님께 하는 것이므로 진실한 마음으로 하여야 한다(대하16:9, 수24:14). 하나님을 떠난 죄를 회개하면서 하나님께 돌아갈 의사가 없으면 진실한 회개로 인정되지 못하고, 하나님 뜻을 어긴 죄를 회개하고도 하나님 뜻을 준행

---

99) **갈2:20** 내가 그리스도와 함께 십자가에 못 박혔나니, 그런즉 이제는 내가 사는 것이 아니요 오직 내 안에 그리스도께서 사시는 것이라.
시37:5-6 네 길을 여호와께 맡기라. 그를 의지하면, 그가 이루시고, 네 의를 빛같이 나타내시며, 네 공의를 정오의 빛같이 하시리로다.
롬14:8 우리가 살아도 주를 위하여 살고 죽어도 주를 위하여 죽나니, 그러므로 사나 죽으나 우리가 주의 것이로다.

100) **롬6:11** 이와 같이 너희도 너희 자신을 죄에 대하여는 죽은 자요 그리스도 예수 안에서 하나님께 대하여는 살아 있는 자로 여길지어다.
고후5:17 누구든지 그리스도 안에 있으면 새로운 피조물이라. 이전 것은 지나갔으니, 보라, 새 것이 되었도다.
엡4:30 하나님의 성령을 근심하게 하지 말라. 그 안에서 너희가 구원의 날까지 인치심을 받았느니라.

하지 않으면 회개의 진실성을 인정받지 못한다(대상28:9).[101]

(4) 하나님께 지은 죄를 사함 받고 의롭다고 여겨진 것은 하나님 앞에 나아갈 수 있는 자격이므로(히10:19-20), 그 자격을 구원의 길을 가는 동안 항상 유지해야 한다. 도중에 하나님께 죄를 지으면 그때마다 그 죄를 회개하여 죄 사함과 칭의 상태를 유지해야 한다(요일1:9).[102]

5-5. 의롭다 여겨지고 성령을 받은 성도는 구원이 완성될 때까지 성도로 살아가야 한다

죄인이 하나님께 지은 죄를 회개하고 하나님의 성도로 되었으면 회개에 합당하게 하나님께 돌아가 새로운 인생을 살아야 한다(딛2:14, 고전6:19-20).[103]

하나님을 주님으로 섬기지 않은 죄를 회개하였으니 이제는 하나님을 주님으로 섬기며 살아가야 하고, 하나님 뜻을 따르지 않은 죄를 회개하였으니 이제는 하나님 뜻에 따라 살아가야 한다(롬6:13).[104]

구주를 영접하고 죄를 회개하면 즉시 죄 사함과 칭의를 받는다. 죄 사함

---

101) **대하16:9** 여호와의 눈은 온 땅을 두루 감찰하사 전심으로 자기에게 향하는 자들을 위하여 능력을 베푸시나니,
수24:14 그러므로 이제는 여호와를 경외하며 온전함과 진실함으로 그를 섬기라.
대상28:9 여호와께서는 모든 마음을 감찰하사 모든 의도를 아시나니, 네가 만일 그를 찾으면 만날 것이요 만일 네가 그를 버리면 그가 너를 영원히 버리시리라.
102) **히10:19-20** 형제들아, 우리가 예수의 피를 힘입어 성소에 들어갈 담력을 얻었나니, 그 길은 우리를 위하여 휘장 가운데로 열어 놓으신 새로운 살 길이요
요일1:9 만일 우리가 우리 죄를 자백하면 그는 미쁘시고 의로우사 우리 죄를 사하시며 우리를 모든 불의에서 깨끗하게 하실 것이요,

과 칭의는 성도로서 하나님 앞에 나아갈 수 있는 자격이므로 죄 사함과 칭의를 받았으면 하나님께 나아가 하나님을 주님으로 섬겨야 한다(렘3:19, 갈2:20).[105]

하나님을 인생의 주님으로 섬긴다면 주님이신 하나님의 뜻에 따라 살아가야 한다. 하나님께서 성도에게 성령을 주시고 구원의 길로 인도하게 하신 것은(요14:16,26, 요16:13) 내주하시는 성령님을 인생의 주님으로 섬기며 성령님의 인도를 구하여 하나님 뜻대로 살아가라는 뜻이다(롬12:2)[106]

죄 사함과 칭의는 구원의 시작이고 성령의 인도에 따라 하나님 뜻에 따라 살아가는 것이 구원의 성숙 과정이다. 죄 사함과 칭의는 구원의 기본 조건이고 구원의 전 과정에서 반드시 필요하지만 성도의 성화 과정을 거치지 않으면 구원의 완성을 얻을 수 없다(마7:21). 성도의 거룩한 삶으로

---

103) **딛2:14** 그가 우리를 대신하여 자신을 주심은 모든 불법에서 우리를 속량하시고 우리를 깨끗하게 하사 선한 일을 열심히 하는 자기 백성이 되게 하려 하심이라.
고전6:19-20 너희는 너희 자신의 것이 아니라 값으로 산 것이 되었으니 그런즉 너희 몸으로 하나님께 영광을 돌리라.
104) **롬6:13** 너희 지체를 불의의 무기로 죄에게 내주지 말고 오직 너희 자신을 죽은 자 가운데서 다시 살아난 자같이 하나님께 드리며 너희 지체를 의의 무기로 하나님께 드리라.
105) **렘3:19** 내가 다시 말하기를 너희가 나를 나의 아버지라 하고 나를 떠나지 말 것이니라 하였노라.
갈2:20 내가 그리스도와 함께 십자가에 못 박혔나니, 그런즉 이제는 내가 사는 것이 아니요 오직 내 안에 그리스도께서 사시는 것이라.
106) **요14:16,26** 내가 아버지께 구하겠으니 그가 또 다른 보혜사를 너희에게 주사 영원토록 너희와 함께 있게 하리니 … 보혜사 곧 아버지께서 내 이름으로 보내실 성령 그가 너희에게 모든 것을 가르치고 내가 너희에게 말한 모든 것을 생각나게 하리라.
요16:13 진리의 성령이 오시면 그가 너희를 모든 진리 가운데로 인도하시리니,
롬12:2 너희는 이 세대를 본받지 말고 오직 마음을 새롭게 함으로 변화를 받아 하나님의 선하시고 기뻐하시고 온전하신 뜻이 무엇인지 분별하도록 하라.

천국 백성으로 성화되는 것이 신앙생활의 핵심이다.[107]

　예수님은 죄인의 구원을 시작하시고 인도하시고 완성하시는 구주이시다(히7:25, 히12:2). 그러므로 내가 하나님의 구원을 받아들이기 시작할 때부터 천국 백성의 영화를 얻어 구원이 완성될 때까지 계속 예수님을 나의 구주로 섬기며 성령님의 인도를 받아야 한다.[108]

---

107) **마7:21** 나더러 주여 주여 하는 자마다 다 천국에 들어갈 것이 아니요, 다만 하늘에 계신 내 아버지의 뜻대로 행하는 자라야 들어가리라.
108) **히7:25** 자기를 힘입어 하나님께 나아가는 자들을 온전히 구원하실 수 있으니,
　　히12:2 우리 믿음의 시작이며 또 믿음을 완전하게 하시는 주님만을 바라봅시다. 〈쉬운 성경〉

6.
하나님께서 의롭다고 여기신 사람을 성령께서 인도하여 하나님의 성도로 성화되게 하신다

6-1. 의롭다고 여기신 사람에게 성령을 주셔서 영적으로 거듭나게 하신다

하나님께서 사람을 하나님 형상대로 지으셔서 사람의 영이 하나님과 교제하며 하나님 백성으로 살아가게 하셨는데(사43:21), 사람이 하나님의 명령을 어기는 죄를 지어 하나님과 분리되어 하나님과 교제하지 못하고 하나님 백성으로 살아가지 못하게 되었다(사59:2).[109]

그래서 하나님께서 죄인들이 죄와 멸망에서 벗어나 하나님 백성으로 살아가게 하시기 위하여 죄인 구원 계획을 세우시고 성자와 성령을 동원하여 실행하신다(딛3:5-7).[110]

죄인이 하나님의 백성으로 살아가려면, 먼저 그리스도의 대속과 죄인의 회개로 죄를 사면받고 의롭다 여겨지고 성령을 받아 영적으로 거듭나야 하고(요3:3,5), 성도로 거듭난 후 성령의 인도를 받아 하나님을 주님으로 섬기며 하나님 뜻에 따라 살아가야 한다(마7:21).[111]

하나님께 지은 죄를 사함 받고 의롭다고 여겨지면 죄의 분리장벽이 없어지므로 하나님께 나아가 교제할 수 있게 되지만, 영이신 하나님과 교제

---

109) **사43:21** 이 백성은 내가 나를 위하여 지었나니 나를 찬송하게 하려 함이니라.
사59:2 오직 너희 죄악이 너희와 하나님 사이를 갈라놓았고, 너희 죄가 그의 얼굴을 가리어서 너희에게서 듣지 않으시게 함이니라.
110) **딛3:5-7** 우리를 구원하시되 우리가 행한 바 의로운 행위로 말미암지 아니하고 오직 그의 긍휼하심을 따라 중생의 씻음과 성령의 새롭게 하심으로 하셨나니, 우리 구주 예수 그리스도로 말미암아 우리에게 그 성령을 풍성히 부어 주사 우리로 그의 은혜를 힘입어 의롭다 하심을 얻어 영생의 소망을 따라 상속자가 되게 하려 하심이라.
111) **요3:3,5** 예수께서 대답하여 이르시되, 진실로 진실로 네게 이르노니, 사람이 거듭나지 아니하면 하나님의 나라를 볼 수 없느니라. 사람이 물과 성령으로 나지 아니하면 하나님의 나라에 들어갈 수 없느니라.
마7:21 나더러 주여 주여 하는 자마다 다 천국에 들어갈 것이 아니요, 다만 하늘에 계신 내 아버지의 뜻대로 행하는 자라야 들어가리라.

하는 것은 영적인 일이므로 성령의 인도를 받아야 한다(고전2:10-11). 성령의 인도를 받아야 하나님 뜻을 알고 따를 수 있다(고전2:14).[112]

그래서 그리스도를 구주로 영접하고 죄를 회개한 사람의 죄를 사하시고 의롭다 여기셔서 하나님 앞에 나아갈 수 있게 하시면서, 그 성도가 하나님과 교제하며 하나님 뜻에 따라 살아갈 수 있게 하시기 위하여 성령을 주셔서(행2:38) 죄로 죽었던 그의 영을 다시 살아나게 하신다(엡2:5,고후4:14).[113]

죄를 사함 받고 하나님께 돌아온 성도에게 성령을 주시는 것은 그에게 하나님의 뜻과 하나님의 나라를 열어 주시는 특별 은혜이고(엡1:17-19), 성령의 인도를 받아 하나님과 교제하며 하나님 뜻에 따라 하나님의 백성으로 살아가라는 사명이다(겔36:27).[114]

---

112) **고전2:10-11** 성령은 모든 것 곧 하나님의 깊은 것까지도 통달하시느니라 … 하나님의 일도 하나님의 영 외에는 아무도 알지 못하느니라.
고전2:14 육에 속한 사람은 하나님의 성령의 일들을 받지 아니하나니, 이는 그것들이 그에게는 어리석게 보임이요 또 그는 그것들을 알 수도 없나니, 그러한 일은 영적으로 분별되기 때문이라.
113) **행2:38** 너희가 회개하여 각각 예수 그리스도의 이름으로 세례를 받고 죄 사함을 받으라. 그리하면 성령의 선물을 받으리니,
엡2:5 허물로 죽은 우리를 그리스도와 함께 살리셨고,
고후4:14 주 예수를 살리신 이가 예수와 함께 우리도 다시 살리사 너희와 함께 그 앞에 서게 하실 줄을 아노라.
114) **엡1:17-19** 우리 주 예수 그리스도의 하나님 영광의 아버지께서 지혜와 계시의 영을 너희에게 주사, 하나님을 알게 하시고 너의 마음의 눈을 밝히사 그의 부르심의 소망이 무엇이며 성도 안에서 그 기업의 영광의 풍성함이 무엇이며 그의 힘의 위력으로 역사하심을 따라 믿는 우리에게 베푸신 능력의 지극히 크심이 어떠한 것을 너희로 알게 하시기를 구하노라.
겔36:27 내 영을 너희 속에 두어 너희로 내 율례를 행하게 하리니, 너희가 내 규례를 지켜 행할지라.

6-2. 성도가 성령을 받으면 하나님을 알고 주님으로 섬긴다

죄를 사함 받고 의인으로 여겨진 성도가 성령을 받으면, 죽었던 영이 깨어나서 영적으로 거듭나고 하나님께서 은혜로 주신 것들을 깨닫게 된다(고전2:9-12).[115]

하나님께서 천지만물을 설계·창조하시고 그들의 존재와 기능을 다스리시는 것, 사람을 하나님 형상대로 지으시고 생명과 인생을 주관하시는 것, 하나님을 주님으로 경외하고 그 뜻에 따라 살아야 하는데 그렇게 하지 않아서 하나님께 죄인인 것, 하나님 뜻을 어긴 죄인을 죄와 멸망에서 구원하여 하나님 자녀로 살아가게 하시려고 죄인 구원법을 시행하고 계신 것 등을 깨닫게 되고 그것이 모두 하나님의 지극한 사랑과 은혜임을 알게 된다. 그래서 성도가 성령의 인도를 받으면 온 세상이 하나님 세상으로 보인다.

그래서 성도가 성령을 받아 영적으로 거듭나면 하나님을 인생의 주님으로 섬기며 하나님의 뜻에 순종하게 되고(전12:13), 하나님과 영적으로 교제하며 하나님 뜻을 따르는 성도의 인생을 살게 되고(롬6:22), 성령의 인

---

115) **고전2:9-12** 하나님이 자기를 사랑하는 자들을 위하여 예비하신 모든 것은 눈으로 보지 못하고 귀로 듣지 못하고 사람의 마음으로 생각하지도 못하였다 함과 같으니라. 오직 하나님이 성령으로 이것을 우리에게 보이셨으니 성령은 모든 것 곧 하나님의 깊은 것까지도 통달하시느니라. … 하나님의 일도 하나님의 영 외에는 아무도 알지 못하느니라. … 오직 하나님으로부터 온 영을 받았으니 이는 우리로 하여금 하나님께서 우리에게 은혜로 주신 것들을 알게 하려 하심이라.
116) **전12:13** 일의 결국을 다 들었으니, 하나님을 경외하고 그의 명령들을 지킬지어다. 이것이 모든 사람의 본분이니라.
롬6:22 이제는 너희가 죄로부터 해방되고 하나님께 종이 되어 거룩함에 이르는 열매를 맺었으니 그 마지막은 영생이라.
롬8:14 무릇 하나님의 영으로 인도함을 받는 사람은 곧 하나님의 아들이라.
벧전1:9 믿음의 결국 곧 영혼의 구원을 받음이라.

도를 받아 하나님의 자녀로 변화되고(롬8:14), 결국에는 영혼의 구원 영생을 얻게 된다(벧전1:9).[116]

6-3. 성령께서 성도 안에 내주하시며 하나님의 구원을 받아 누릴 수 있게 개인 지도하신다

성도에게 주신 성령은 성도의 심령 안에 영원히 내주하면서 성도를 구원의 길로 인도하신다(요14:16,26).[117]

죄를 회개한 성도라도 죄성이 여전히 살아 있지만, 거룩하신 성령을 그의 심령 안에 영원히 내주하게 하신다. 죄 사함과 의롭다 여기심을 받지 못한 사람은 성령을 받지도 못하고 성령의 인도를 받지도 못한다(요14:17).[118]

성령님은 성도의 심령 안에 내주하시면서 구원의 길로 인도하시는데, 성도의 실정과 구하는 수준에 맞게 개인 지도하신다(사48:17). 그리하여 모든 것이 합력하여 선을 이루게 하신다(롬8:28).[119]

---

117) **요14:16,26** 내가 아버지께 구하겠으니 그가 또 다른 보혜사를 너희에게 주사 영원토록 너희와 함께 있게 하리니 … 보혜사 곧 아버지께서 내 이름으로 보내실 성령 그가 너희에게 모든 것을 가르치고 내가 너희에게 말한 모든 것을 생각나게 하리라.
118) **요14:17** 그는 진리의 영이라. 세상은 능히 그를 받지 못하나니, 이는 그를 보지도 못하고 알지도 못함이라. 그러나 너희는 그를 아나니, 그는 너희와 함께 거하심이요 또 너희 속에 계시겠음이라.
119) **사48:17** 나는 네게 유익하도록 가르치고 너를 마땅히 행할 길로 인도하는 네 하나님 여호와라.
롬8:28 하나님을 사랑하는 자 곧 그의 뜻대로 부르심을 입은 자들에게는 모든 것이 합력하여 선을 이루느니라.

(1) 나의 창조주 하나님과 그 일하심을 알게 하신다(엡1:17-19).[120]
(2) 창조주 하나님의 뜻을 어긴 죄를 깨우쳐 회개하게 하신다(요16:8-9).[121]
(3) 죄로 죽었던 영을 다시 살려 영적 존재로 거듭나게 하신다(엡2:5, 요3:5-7),[122]
(4) 하나님의 은혜와 구원의 복음을 알게 하신다(고전2:9-12).[123]
(5) 하나님을 알고(엡1:17) 영과 진리로 예배하게 하신다(요4:24).[124]
(6) 성부·성자와 연결시켜 교제하게 하신다(요14:20, 요일4:13).[125]

---

[120] **엡1:17-19** 우리 주 예수 그리스도의 하나님 영광의 아버지께서 지혜와 계시의 영을 너희에게 주사, 하나님을 알게 하시고 너의 마음의 눈을 밝히사 그의 부르심의 소망이 무엇이며 성도 안에서 그 기업의 영광의 풍성함이 무엇이며 그의 힘의 위력으로 역사하심을 따라 믿는 우리에게 베푸신 능력의 지극히 크심이 어떠한 것을 너희로 알게 하시기를 구하노라.
[121] **요16:8-9** 그가 와서 죄에 대하여, 의에 대하여, 심판에 대하여 세상을 책망하시리라. 죄에 대하여라 함은 그들이 나를 믿지 아니함이요,
[122] **엡2:5** 허물로 죽은 우리를 그리스도와 함께 살리셨고,
요3:5-7 사람이 물과 성령으로 나지 아니하면 하나님의 나라에 들어갈 수 없느니라. 육으로 난 것은 육이요 영으로 난 것은 영이니, 내가 네게 거듭나야 하겠다 하는 말을 놀랍게 여기지 말라.
[123] **고전2:9-12** 하나님이 자기를 사랑하는 자들을 위하여 예비하신 모든 것은 눈으로 보지 못하고 귀로 듣지 못하고 사람의 마음으로 생각하지도 못하였다 함과 같으니라. 오직 하나님이 성령으로 이것을 우리에게 보이셨으니 성령은 모든 것 곧 하나님의 깊은 것까지도 통달하시느니라. … 하나님의 일도 하나님의 영 외에는 아무도 알지 못하느니라. 우리가 세상의 영을 받지 아니하고 오직 하나님으로부터 온 영을 받았으니 이는 우리로 하여금 하나님께서 우리에게 은혜로 주신 것들을 알게 하려 하심이라.
[124] **엡1:17** 지혜와 계시의 영을 너희에게 주사 하나님을 알게 하시고,
요4:24 하나님은 영이시니 예배하는 자가 영과 진리로 예배할지니라.
[125] **요14:20** 그날에는 내가 아버지 안에, 너희가 내 안에, 내가 너희 안에 있는 것을 너희가 알리라.
요일4:13 그의 성령을 우리에게 주시므로 우리가 그 안에 거하고 그가 우리 안에 거하시는 줄을 아느니라.

(7) 그리스도의 사람이 되어(롬8:9) 예수님의 복음을 따르고(요14:26) 그리스도의 장성한 분량에 이르게 하신다(엡4:13).[126]

(8) 말씀 묵상과 기도를 통하여 하나님 뜻을 깨닫고 따르게 인도하신다(딤후3:15, 딤전4:5).[127]

(9) 하나님의 뜻대로 기도하게 인도하여(롬8:27, 엡6:18) 응답받게 하신다(요15:7, 요일5:14).[128]

(10) 속사람을 강건하게 하셔서(엡3:16) 육신의 정욕을 다스리게 하신다(갈5:16).[129]

(11) 성령의 열매로 성도의 인격으로 변화되게 하신다(갈5:22-23).[130]

---

[126] **롬8:9** 누구든지 그리스도의 영이 없으면 그리스도의 사람이 아니라.
요14:26 보혜사 곧 아버지께서 내 이름으로 보내실 성령 그가 저희에게 모든 것을 가르치고 내가 너희에게 말한 모든 것을 생각나게 하리라.
엡4:13 우리가 다 하나님의 아들을 믿는 것과 아는 일에 하나가 되어 온전한 사람을 이루어 그리스도의 장성한 분량이 충만한 데까지 이르리니,
[127] **딤후3:15** 성경은 능히 너로 하여금 그리스도 예수 안에 있는 믿음으로 말미암아 구원에 이르는 지혜가 있게 하느니라.
딤전4:5 하나님의 말씀과 기도로 거룩하여짐이라.
[128] **롬8:27** 마음을 살피시는 이가 성령의 생각을 아시나니 이는 성령이 하나님의 뜻대로 성도를 위하여 간구하심이니라.
엡6:18 모든 기도와 간구를 하되 항상 성령 안에서 기도하고,
요15:7 너희가 내 안에 거하고 내 말이 너희 안에 거하면 무엇이든지 원하는 대로 구하라. 그리하면 이루리라.
요일5:14 그를 향하여 우리가 가진 바 담대함이 이것이니, 그의 뜻대로 무엇을 구하면 들으심이라.
[129] **엡3:16** 그의 성령으로 말미암아 너희 속사람을 능력으로 강건하게 하시오며,
갈5:16 너희는 성령을 따라 행하라. 그리하면 육체의 욕심을 이루지 아니하리라.
[130] **갈5:22-23** 성령의 열매는 사랑과 희락과 화평과 오래 참음과 자비와 양선과 충성과 온유와 절제니,

(12) 하나님의 성도로 거룩하게 변화되도록 인도하신다(고전6:11, 살후 2:13).[131]
(13) 하나님의 아들로 인정받게 하시다(롬8:14).[132]
(14) 성도들에게 적절한 은사와 사명을 나누어 주신다(고전12:7,11).[133]
(15) 성령의 능력으로 전도하게 하신다(행1:8, 고전2:4).[134]
(16) 교회를 세우시고 부흥하게 하시고(행2:44,47) 하나 되게 하신다(엡 4:3-4).[135]
(17) 믿음의 선한 싸움을 싸워 이기게 하시다(딤전6:11-12).[136]
(18) 하나님의 다스림을 받는 행복(의·평강·희락·영생)을 누리게 하신다 (롬14:17, 딤전4:7-8).[137]

---

131) **고전6:11** 주 예수 그리스도의 이름과 우리 하나님의 성령 안에서 씻음과 거룩함과 의롭다 하심을 받았느니라.
    살후2:13 하나님이 처음부터 너희를 택하사 성령의 거룩하게 하심과 진리를 믿음으로 구원을 받게 하심이니,
132) **롬8:14** 무릇 하나님의 영으로 인도함을 받는 사람은 곧 하나님의 아들이라.
133) **고전12:7,11** 각 사람에게 성령을 나타내심은 유익하게 하려 하심이라. 이 모든 일은 같은 한 성령이 행하사 그의 뜻대로 각 사람에게 나누어 주시는 것이니라.
134) **행1:8** 오직 성령이 너희에게 임하시면 너희가 권능을 받고 예루살렘과 온 유대와 사마리아와 땅끝까지 이르러 내 증인이 되리라.
    고전2:4 내 말과 내 전도함이 설득력 있는 지혜의 말로 하지 아니하고 다만 성령의 나타나심과 능력으로 하여,
135) **행2:44,47** 믿는 사람이 다 함께 있어 모든 물건을 서로 통용하고, 하나님을 찬미하며 또 온 백성에게 칭송을 받으니 주께서 구원받는 사람을 날마다 더하게 하시니라.
    엡4:3-4 성령이 하나 되게 하신 것을 힘써 지키라. 몸이 하나요 성령도 한 분이시니 이와 같이 너희가 부르심의 한 소망 안에서 부르심을 받았느니라.
136) **딤전6:11-12** 너 하나님의 사람아, 이것들을 피하고 의와 경건과 믿음과 사랑과 인내와 온유를 따르며 믿음의 선한 싸움을 싸우라. 영생을 취하라.

6-4. 성령의 인도를 구하고 순종하면 하나님 백성으로 살아가게 인도하신다

(1) 죄인이 예수 그리스도를 구주로 영접하고 죄를 회개하면 그 죄를 용서하시고 성령을 주신다. 성령의 인도에 따라 하나님 백성으로 살아가라는 뜻이다.

(2) 성령 하나님께서 성도 안에 계시며 하나님 뜻을 알려 주시고 하나님 백성으로 살아가게 인도하시는 것은 하나님의 임마누엘 은혜이고, 구원의 진리를 가장 정확하고 가장 효과적으로 깨닫고 따르게 하는 방법이다(고전2:9-10).[138]

(3) 성령님은 성도의 심령 안에서 성도가 어떻게 해야 구원받을 수 있는지 다 아시고 준비하고 계시지만(사30:18), 성도가 전심으로 구해야 인도하신다(겔36:27, 렘29:13). 사람의 자율성을 존중하시기 때문이다.[139]

---

137) **롬14:17** 하나님의 나라는 먹는 것과 마시는 것이 아니요 오직 성령 안에 있는 의와 평강과 희락이라.
딤전4:7-8 망령되고 허탄한 신화를 버리고 경건에 이르도록 네 자신을 연단하라. 육체의 연단은 약간의 유익이 있으나, 경건은 범사에 유익하니 금생과 내생에 약속이 있느니라.

138) **고전2:9-10** 하나님이 자기를 사랑하는 자들을 위하여 예비하신 모든 것은 눈으로 보지 못하고 귀로 듣지 못하고 사람의 마음으로 생각하지도 못하였다 함과 같으니라. 오직 하나님이 성령으로 이것을 우리에게 보이셨으니 성령은 모든 것 곧 하나님의 깊은 것까지도 통달하시느니라.

139) **사30:18** 여호와께서 기다리시나니 이는 너희에게 은혜를 베풀려 하심이요, 일어나시리니 이는 너희를 긍휼히 여기려 하심이라.
겔36:37 그래도 이스라엘 족속이 이같이 자기들에게 이루어 주기를 내게 구하여야 할지라.
렘29:13 너희가 온 마음으로 나를 구하면 나를 찾을 것이요 나를 만나리라.

(4) 성도가 성령님의 인도를 받으려면, 내 안에 계시는 성령님을 내 인생을 선도하시는 주님으로 섬기며, 성령님께 내 마음과 생각과 삶을 다스려 달라고 전심으로 간구하고(대상22:19), 인도하심에 온전히 순종해야 한다(대상28:9). 온전히 순종하지 않으면 구해도 인도하시지 않는다.[140]

(5) 성경 말씀을 묵상하고 기도하기 전에 성령님께 하나님의 뜻을 깨닫게 인도하여 달라고 간구하고, 성령님께서 깨닫게 하신 내용이 성경 전체의 말씀과 하나님의 성품에 맞는 것이면 나를 개인적으로 선도하시는 말씀(Rhema)이라고 믿고 순종한다. 성령님께서 깨우쳐 주신 내용이 내가 원하는 바가 아니더라도 순종해야 한다.

(6) 나의 영이 성령님의 인도를 받아 하나님 뜻을 깨닫고 그 뜻에 따라서 내 마음과 혼을 다스리고, 내 마음과 혼이 내 영의 다스림에 순종하여 몸을 움직여 살아가면, 나의 삶이 하나님 뜻을 따르게 되고 하나님께서 함께 하셔서 나의 인생을 선하게 인도하신다(롬8:28).[141]

(7) 이렇게 나의 심령이 성령님의 인도를 구하고 순종하여 하나님 뜻대로 살아가는 것이 성령님을 내 인생의 주님으로 섬기며 그 인도를 받는

---

140) **대상22:19** 이제 너희는 마음과 뜻을 바쳐서 너희 하나님 여호와를 구하라.
  대상28:9 하나님을 알고 온전한 마음과 기쁜 뜻으로 섬길지어다. 여호와께서는 모든 마음을 감찰하사 모든 의도를 아시나니, 네가 만일 그를 찾으면 만날 것이요 만일 네가 그를 버리면 그가 너를 영원히 버리시리라.
141) **롬8:28** 하나님을 사랑하는 자 곧 그의 뜻대로 부르심을 입은 자들에게는 모든 것이 합력하여 선을 이루느니라.
142) **엡5:17-18** 그러므로 어리석은 자가 되지 말고 오직 주의 뜻이 무엇인가 이해하라 … 오직 성령으로 충만함을 받으라.
  롬14:17 하나님의 나라는 먹는 것과 마시는 것이 아니요 오직 성령 안에 있는 의와 평강과 희락이라.

것이다. 그것이 임마누엘의 은혜를 받아들여 하나님 백성으로 살아가는 것이고, 성령님께서 내 삶을 다스려 성령충만하게 되는 것이고(엡 5:17-18) 나에게 하나님 나라가 이루어지게 하는 것이다(롬14:17). 신앙생활의 진수(眞髓)이다.[142]

6-5. 하나님 백성으로 살아가면 임마누엘의 행복을 누린다

(1) 하나님의 구원을 받아들여 죄를 사면받은 성도가 하나님을 인생의 주님으로 섬기며 하나님의 뜻에 따라 살아가면, 하나님께서 아버지가 되셔서 임마누엘의 복을 주신다(빌4:9). 친자관계로 함께 하시는 임마누엘이다.[143]

(2) 하나님 아버지는 완전한 사랑과 지혜로 자기 자녀를 바르고 선한 삶으로 인도하신다(사48:17). 하나님의 능력과 은혜로 구원을 받게 하시고(엡2:4-6) 하나님의 자녀로 인정하시고(롬8:14) 하나님 나라에 속한 신령한 복을 누리게 하신다(엡1:3,5).[144]

---

143) **빌4:9** 너희는 내게 배우고 받고 듣고 본 바를 행하라. 그리하면 평강의 하나님이 너희와 함께 계시리라.
144) **사48:17** 여호와께서 이르시되, 나는 네게 유익하도록 가르치고 너를 마땅히 행할 길로 인도하는 네 하나님 여호와라.
엡2:4-6 긍휼이 풍성하신 하나님이 우리를 사랑하신 그 큰 사랑을 인하여 허물로 죽은 우리를 그리스도와 함께 살리셨고(너희는 은혜로 구원을 받은 것이라), 또 함께 일으키사 그리스도 예수 안에서 함께 하늘에 앉히시니,
롬8:14 무릇 하나님의 영으로 인도함을 받는 사람은 곧 하나님의 아들이라.
엡1:3,5 우리 주 예수 그리스도의 아버지께서 그리스도 안에서 하늘에 속한 모든 신령한 복을 우리에게 주시되 … 예수 그리스도로 말미암아 자기의 아들들이 되게 하셨으니,

(3) 하나님 아버지는 항상 자기 자녀와 함께 하시며 완전한 지혜와 능력으로 보호하시고(사41:10), 성령으로 속사람을 강건하게 하시며(엡3:16), 하나님 백성으로 성화되게 하시고(갈5:22-23), 어떤 상황에서도 마음과 생각을 지켜 평강하게 하신다(빌4:7).[145]

(4) 하나님 아버지는 무궁무진한 사랑과 은혜를 베푸시고(엡3:18-19) 모든 것이 합력하여 선을 이루게 하신다(롬8:28). 하나님의 능력으로 돌보셔서(사40:31) 나의 한계를 뛰어넘어 차원 높은 인생을 이루게 하신다(고후4:7-9).[146]

먹을 것이 없어도 하나님의 임마누엘만으로 만족하고(합3:17-18), 고난 속에서도 하나님께서 함께 하시는 은혜를 기뻐하고(벧전5:10), 감

---

145) **사41:10** 두려워하지 말라. 내가 너와 함께 함이라. 놀라지 말라. 나는 네 하나님이 됨이라. 내가 너를 굳세게 하리라. 참으로 너를 도와 주리라. 참으로 나의 의로운 오른손으로 너를 붙들리라.
엡3:16 그의 영광의 풍성함을 따라 그의 성령으로 말미암아 너희 속사람을 능력으로 강건하게 하시오며,
갈5:22-23 성령의 열매는 사랑과 희락과 화평과 오래 참음과 자비와 양선과 충성과 온유와 절제니,
빌4:7 모든 지각에 뛰어난 하나님의 평강이 그리스도 예수 안에서 너희 마음과 생각을 지키시리라.

146) **엡3:18-19** 지식에 넘치는 그리스도의 사랑을 알고 그 너비와 길이와 높이와 깊이가 어떠함을 깨달아 하나님의 모든 충만하신 것으로 너희에게 충만하게 하시기를 구하노라.
롬8:28 하나님을 사랑하는 자 곧 그의 뜻대로 부르심을 입은 자들에게는 모든 것이 합력하여 선을 이루느니라.
사40:31 여호와를 앙망하는 자는 새 힘을 얻으리니, 독수리가 날개치며 올라감 같을 것이요, 달음박질하여도 곤비하지 아니하겠고 걸어가도 피곤하지 아니하리로다.
고후4:7-9 우리가 이 보배를 질그릇에 가졌으니 … 우리가 사방으로 욱여쌈을 당하여도 싸이지 아니하며, 답답한 일을 당하여도 낙심하지 아니하며, 박해를 받아도 버린 바 되지 아니하며, 거꾸러뜨림을 당하여도 망하지 아니하고,

옥에서도 형통하게 되고(창39:23), 눈물과 고통과 사망을 벗어나게 된다(계21:3-4).[147]

(5) 하나님의 임마누엘 은혜는 하나님과 함께 살아가는 2단계 구원이고, 차원 높은 인생으로 되어 최고 최상의 행복을 누리게 하는 것이므로, 무엇보다 우선적으로 추구해야 하고(마6:33), 모든 것을 다 바쳐서라도 반드시 확보해야 하고(마13:44), 언제나 모든 일에 하나님의 함께 하심을 간구해야 한다(히4:16).[148]

이를 위하여 나의 영혼과 육신의 삶이 항상 하나님 앞에 온전하기를 힘써야 한다(살전5:23).[149]

---

147) **합3:17-18** 밭에 먹을 것이 없으며 우리에 양이 없으며 외양간에 소가 없을지라도 나는 여호와로 말미암아 즐거워하며 나의 구원의 하나님으로 말미암아 기뻐하리로다.
   벧전5:10 모든 은혜의 하나님 곧 그리스도 안에서 너희를 부르사 자기의 영원한 영광에 들어가게 하신 이가 잠깐 고난을 당한 너희를 친히 온전하게 하시며 굳건하게 하시며 강하게 하시며 터를 견고하게 하시리라.
   창39:23 여호와께서 요셉과 함께 하심이라. 여호와께서 그를 범사에 형통하게 하셨더라.
   계21:3-4 하나님은 친히 그들과 함께 계셔서 모든 눈물을 그 눈에서 닦아 주시니, 다시는 사망이 없고 애통하는 것이나 곡하는 것이나 아픈 것이 다시 있지 아니하리니,
148) **마6:33** 너희는 먼저 그의 나라와 그의 의를 구하라.
   마13:44 천국은 마치 밭에 감추인 보화와 같으니, 사람이 이를 발견한 후 숨겨 두고 기뻐하며 돌아가서 자기의 소유를 다 팔아 그 밭을 사느니라.
   히4:16 그러므로 우리는 긍휼하심을 받고 때를 따라 돕는 은혜를 얻기 위하여 은혜의 보좌 앞에 담대히 나아갈 것이니라.
149) **살전5:23** 평강의 하나님이 친히 너희를 온전히 거룩하게 하시고, 또 너희의 온 영과 혼과 몸이 우리 주 예수 그리스도께서 강림하실 때에 흠 없게 보전되기를 원하노라

6-6. 하나님 백성으로 성화되려면 영적 싸움을 이겨야 한다

(1) 하나님께서 성자와 성령을 동원하여 죄인을 구원하시는 목적은 하나님의 백성으로 살아가게 하시려는 것이다(딛2:14, 딛3:6-7).[150]
그러므로 성자의 대속 은혜를 받아들이고 죄를 회개하여 죄를 사면받고 하나님 앞에 의롭다고 여겨진 성도는 하나님을 인생의 주님으로 섬기며 내주하시는 성령님의 인도를 받아 하나님 뜻에 따라 살아가야 한다(마7:21). 그것이 성도의 신앙생활이고 구원의 목적을 이루는 삶이다.[151]

(2) 성도가 하나님의 백성으로 살아가려면, 먼저 하나님을 주님으로 섬겨 하나님 백성으로 살아가며 하나님 뜻을 최고 최선의 가치로 존중하여야 한다(마6:33, 마6:9-10).[152]
그런데 사람의 본성은 자기를 드러내고 높이려 하므로 하나님을 주님으로 섬기지 못하게 하고 육신의 정욕이 성령의 인도에 따르기를 거부한다. 그러나 성령의 인도를 받아 이기적 욕심을 다스리면, 하나님을 주님으로 섬기며 하나님의 뜻을 따를 수 있고(갈5:16-17), 나에게

---

150) **딛2:14** 그가 우리를 대신하여 자신을 주심은 모든 불법에서 우리를 속량하시고 우리를 깨끗하게 하사 선한 일을 열심히 하는 자기 백성이 되게 하려 하심이라.
딛3:6-7 우리 구주 예수 그리스도로 말미암아 우리에게 그 성령을 풍성히 부어 주사 우리로 그의 은혜를 힘입어 의롭다 하심을 얻어 영생의 소망을 따라 상속자가 되게 하려 하심이라
151) **마7:21** 나더러 주여 주여 하는 자마다 다 천국에 들어갈 것이 아니요, 다만 하늘에 계신 내 아버지의 뜻대로 행하는 자라야 들어가리라.
152) **마6:33** 그런즉 너희는 먼저 그의 나라와 그의 의를 구하라.
마6:9-10 너희는 이렇게 기도하라. 하늘에 계신 우리 아버지여, 이름이 거룩히 여김을 받으시오며 나라가 임하시오며 뜻이 하늘에서 이루어진 것같이 땅에서도 이루어지이다.

하나님 나라가 이루어지고 하나님을 영화롭게 할 수 있다(고전6:19-20).[153]

(3) 성도도 인본주의 세상 속에서 살아가므로 세상 부귀영화의 유혹을 받기 마련이지만, 인본주의 가치 질서를 따르거나 인간 세상의 부귀영화를 추구하지 말고 하나님의 나라에 속하고 하나님의 성도로 살아가야 한다(롬12:2, 약1:27, 요일2:15-17).[154]

(4) 성도는 인본주의 세상을 떠나 하나님 나라에 속하므로 세상의 미움을 받지만(요15:19, 딤후3:12), 하나님의 백성으로 살아간다고 하여 세상의 핍박이나 불이익을 받더라도, 하나님을 아버지로 섬기며 하나님 아

---

153) **갈5:16-17** 너희는 성령을 따라 행하라. 그리하면 육체의 욕심을 이루지 아니하리라. 육체의 소욕은 성령을 거스르고 성령은 육체를 거스르나니, 이 둘이 서로 대적함으로 너희가 원하는 것을 하지 못하게 하려 함이니라.
고전6:19-20 너희 몸은 너희가 하나님께로부터 받은 바 너희 가운데 계신 성령의 전일 줄을 알지 못하느냐, 너희는 너희 자신의 것이 아니라 값으로 산 것이 되었으니 그런즉 너희 몸으로 하나님께 영광을 돌리라.

154) **롬12:2** 너희는 이 세대를 본받지 말고 오직 마음을 새롭게 함으로 변화를 받아 하나님의 선하시고 기뻐하시고 온전하신 뜻이 무엇인지 분별하도록 하라.
약1:27 하나님 아버지 앞에서 정결하고 더러움이 없는 경건은 --- 자기를 지켜 세속에 물들지 아니하는 그것이니라.
요일2:15-17 이 세상이나 세상에 있는 것들을 사랑하지 말라. 누구든지 세상을 사랑하면 아버지의 사랑이 그 안에 있지 아니하니, 이는 세상에 있는 모든 것이 육신의 정욕과 안목의 정욕과 이생의 자랑이니, 다 아버지께로부터 온 것이 아니요 세상으로부터 온 것이라. 이 세상도 그 정욕도 지나가되, 오직 하나님의 뜻을 행하는 자는 영원히 거하느니라.

155) **요15:19** 너희는 세상에 속한 자가 아니요 도리어 내가 너희를 세상에서 택하였기 때문에 세상이 너희를 미워하느니라.
딤후3:12 무릇 그리스도 예수 안에서 경건하게 살고자 하는 자는 박해를 받으리라.
약1:12 시험을 참는 자는 복이 있나니, 이는 시련을 견디어 낸 자가 주께서 자기를 사랑하는 자들에게 약속하신 생명의 면류관을 얻을 것이기 때문이라.

버지의 뜻을 준행하여 하나님 자녀의 존귀한 인생과 완전한 행복을 지켜야 한다(약1:12).[155]

(5) 마귀는 하나님을 대적하고 사람들을 죄와 사망의 권세로 지배하기 위하여 죄인이 성도로 거듭나는 것과 성도가 하나님 뜻에 따르는 것을 방해한다(벧전5:8-9).[156]

마귀는 사람의 정욕과 세상의 부귀영화로 사람의 이기적 욕심을 자극하여 인본주의 세상의 가치 질서를 따르게 유도하여 하나님 뜻을 어기게 하고, 사람이 하나님께 지은 죄를 회개하지 못하게 방해하고 회개한 뒤에도 회개한 죄를 떠올려 죄책감에 매이게 하고 다시 죄를 짓도록 유도한다.

사람의 능력으로는 악한 영 마귀의 간계를 이기기 어려우므로, 구원 복음의 진리와 믿음으로 무장하고 하나님의 말씀과 능력으로 대적하여야 한다(엡6:11-12, 엡6:14-17).[157]

(6) 결국 성도가 하나님 백성으로 살아가려면 자기의 욕심과 인본주의 세상의 가치질서와 마귀의 방해에 대항하여 영적 싸움을 싸워 이겨야 한

---

156) **벧전5:8-9** 근신하라. 깨어라. 너희 대적 마귀가 우는 사자같이 두루 다니며 삼킬 자를 찾나니, 너희는 믿음을 굳건하게 하여 그를 대적하라.
157) **엡6:11-12** 마귀의 간계를 능히 대적하기 위하여 하나님의 전신갑주를 입으라. 우리의 씨름은 혈과 육을 상대하는 것이 아니요 통치자들과 권세들과 이 어둠의 세상 주관자들과 하늘에 있는 악의 영들을 상대함이라.
엡6:14-17 진리로 너희 허리 띠를 띠고, 의의 호심경을 붙이고, 평안의 복음이 준비한 것으로 신을 신고, 모든 것 위에 믿음의 방패를 가지고, 이로써 능히 악한 자의 모든 불화살을 소멸하고 구원의 투구와 성령의 검 곧 하나님의 말씀을 가지라.
158) **딤전6:11,12,14** 너 하나님의 사람아, 이것들을 피하고 의와 경건과 믿음과 사랑과 인내와 온유를 따르며, 믿음의 선한 싸움을 싸우라. 영생을 취하라. 이를 위하여 네가 부르심을 받았고 … 우리 주 예수 그리스도께서 나타나실 때까지 흠도 없고 책망 받을 것도 없이 이 명령을 지키라.

다(딤전6:11-12,14).[158]

그것은 성도가 천국 백성으로 성화되기 위한 수련 과정이고, 구원을 성취하기 위한 영적 싸움이다. 성도의 신앙이 커질수록, 하나님 백성으로 변화될수록, 영적 싸움이 더욱더 드세지고 성화의 길이 험난해진다(마7:13-14).[159]

(7) 성도의 의지와 능력만으로는 믿음의 선한 싸움을 감당하기 어렵지만, 성령님 인도에 순종하여 하나님 뜻에 따라 살아가면 하나님의 능력으로 믿음의 선한 싸움을 이기고(요일4:4) 구원의 길을 지킬 수 있다(살후3:3).[160]

6-7. 하나님 백성으로 성화되면 천국 백성으로 영생하게 된다

마지막 날에 예수님께서 심판주로 오셔서 천국 백성으로 적합할 정도로 성화된 성도를 구주의 권능으로 하늘 천국으로 들어올려 하나님과 함께 영생하게 하신다(딤전4:8, 살전4:16-17). 이로써 구원이 완성된다.[161]

---

159) **마7:13-14** 좁은 문으로 들어가라. 멸망으로 인도하는 문은 크고 그 길이 넓어 그리로 들어가는 자가 많고, '생명으로 인도하는 문은 좁고 길이 협착하여 찾는 자가 적음이라.
160) **요일4:4** 자녀들아, 너희는 하나님께 속하였고 또 그들을 이기었나니, 이는 너희 안에 계신 이가 세상에 있는 자보다 크심이라.
살후3:3 주는 미쁘사 너희를 굳건하게 하시고 악한 자에게서 지키시리라.
161) **딤전4:8** 경건은 범사에 유익하니 금생과 내생에 약속이 있느니라.
살전4:16-17 주께서 … 친히 하늘로부터 강림하시리니, 그리스도 안에서 죽은 자들이 먼저 일어나고, 그 후에 우리 살아남은 자들도 그들과 함께 구름 속으로 끌어 올려 공중에서 주를 영접하게 하시리니, 그리하여 우리가 항상 주와 함께 있으리라.

하늘 천국에 들어간 성도는 천국 백성의 새 이름을 받고(계2:17), 생명책에 기록된 이름이 공표되고(계3:5), 하나님의 낙원에 있는 생명나무 열매를 먹고(계2:7), 하나님의 장막에서 하나님과 함께 영생하면서 완전한 행복을 누리게 된다(계21:3-4).[162]

하늘 천국에는 하나님의 사랑과 은혜가 충만하므로, 모든 사람이 다 만족하여 이기적 욕심으로 경쟁할 필요가 없고 마귀의 방해가 없어서 영적 전쟁을 할 필요도 없다.

성도가 천국 백성으로 적합하게 성화되었는지 여부는 모든 것을 아시는 구주께서 심판하신다(전12:14, 롬2:6-8). 온전히 거룩하신 주님의 기준에 이르기는 불가능하지만, 천국 소망이 간절하여 성화되고자 최선을 다한 열성을 긍휼히 보시고 구원 완성의 은혜를 베풀어 주실 줄 믿는다.[163]

재림 예수님의 심판은 최종적이고 영원한 것이다. 하늘 천국에 들어간 사람은 하나님과 함께 완전한 행복을 영원히 누린다. 지옥 불못에 던져진 사람은 하나님과 완전히 단절되어 영원한 고통을 받는다(살후1:8-9).[164]

---

162) **계2:17** 이기는 그에게는 내가 감추었던 만나를 주고 또 흰 돌을 줄 터인데, 그 돌 위에 새 이름을 기록한 것이 있나니 받는 자 밖에는 그 이름을 알 사람이 없느니라.
계3:5 이기는 자는 이와 같이 흰 옷을 입을 것이요 내가 그 이름을 생명책에서 결코 지우지 아니하고 그 이름을 내 아버지 앞과 그의 천사들 앞에서 시인하리라.
계2:7 이기는 그에게는 내가 하나님의 낙원에 있는 생명나무의 열매를 주어 먹게 하리라.
계21:3-4 그들은 하나님의 백성이 되고 하나님은 친히 그들과 함께 계셔서 모든 눈물을 그 눈에서 닦아 주시니 다시는 사망이 없고 애통하는 것이나 곡하는 것이나 아픈 것이 다시 있지 아니하리니,
163) **전12:14** 하나님은 모든 행위와 모든 은밀한 일을 선악 간에 심판하시리라.
롬2:6-8 하나님께서 각 사람에게 그 행한 대로 보응하시되, 참고 선을 행하여 영광과 존귀와 썩지 아니함을 구하는 자에게는 영생으로 하시고, 오직 당을 지어 진리를 따르지 아니하고 불의를 따르는 자에게는 진노와 분노로 하시리라.
164) **살후1:8-9** 하나님을 모르는 자들과 우리 주 예수의 복음에 복종하지 않는 자들에게 형벌을 내리시니니, 이런 자들은 주의 얼굴과 그의 힘의 영광을 떠나 영원한 멸망의 형벌을 받으리로다.

7.
하나님의 구원 은혜는
그것을 믿고 영접하는 사람만
누릴 수 있다

7-1. 구원은 하나님의 권능이고 은혜이다

구원은 하나님 뜻을 어긴 죄인을 죄와 멸망에서 구원하여 하나님 백성으로 살아가게 하는 것이고, 하나님의 권능만 하실 수 있는 일이고, 하나님의 은혜가 아니면 사람이 이룰 수 없는 일이다.

죄인 구원의 길을 만드시고, 죄인들을 구원의 길로 부르시고, 부르심을 받아들인 죄인을 의로운 성도로 여기시고, 성령의 인도로 하나님 백성으로 성화되게 하시고, 하나님 백성으로 성화된 성도를 하늘 천국으로 올려 하나님과 함께 영생하게 하시는 것(롬8:30)은 모두 하나님의 권능으로만 가능한 일인데, 그러한 일을 전심으로 영접하는 사람에게 은혜로 베푸신다(대하16:9, 요3:16).[165]

(1) 사람이 모두 죄인일 때 하나님께서 죄인을 구원하여 하나님 백성으로 살아가게 하시는 구원 계획을 세우신 것,
(2) 하나님의 죄인 구원 계획에 따라 성자 하나님께서 사람 예수로 오셔서 십자가에서 죽으시고 부활하심으로 사람들이 죄인으로 죽고 의인으로 거듭나는 구원의 길을 만드신 것,
(3) 예수 그리스도를 구주로 영접하고 구주 앞에 죄를 회개하는 사람의 죄를 사면하시고 의인으로 여기셔서 하나님께 돌아올 수 있게 하시는 것,

---

165) **롬8:30** 미리 정하신 그들을 또한 부르시고, 부르신 그들을 또한 의롭다 하시고, 의롭다 하신 그들을 또한 영화롭게 하셨느니라.
대하16:9 여호와의 눈은 온 땅을 두루 감찰하사 전심으로 자기에게 향하는 자들을 위하여 능력을 베푸시나니,
요3:16 하나님이 세상을 이처럼 사랑하사 독생자를 주셨으니 이는 그를 믿는 자마다 멸망하지 않고 영생을 얻게 하려 하심이라.

(4) 죄를 회개한 성도에게 성령을 주셔서 하나님 뜻을 깨닫고 하나님 백성으로 살아가게 인도하시는 것,
(5) 성도가 성령의 인도를 구하면 성경 말씀 묵상과 기도를 통하여 하나님 뜻을 깨닫고 순종하여 하나님 백성으로 성화되게 인도하여 주시는 것,
(6) 성도가 사람의 이기적 욕심과 인간 세상의 유혹을 이기고 마귀의 방해를 대적하여 믿음과 천국 소망과 구원의 길을 지킬 수 있도록 성령의 지혜와 능력으로 도와주시는 것,
(7) 하나님 백성으로 성화된 성도를 마지막 때에 하늘 천국으로 들어올려 하나님과 함께 영생하게 하시는 것.

7-2. 하나님의 구원 은혜는 사람이 믿고 영접해야 받을 수 있다

이처럼 죄인의 구원은 하나님의 능력과 은혜로 실현되는 것인데, 죄인의 의사에 반하여 강제적으로 이루어지는 것은 아니다. 하나님께서 사람에게 자율권을 주셨기 때문에 죄인이 자유 의사로 진심으로 하나님의 구원을 믿고 영접해야 구원을 얻게 된다(롬10:9-10).[166]

사람의 능력이나 노력으로는 하나님의 구원을 얻을 수 없다. 그러나 하나님의 권능과 은혜로 베푸시는 구원을 믿고 받아들이면 하나님의 구원을 받아 누릴 수 있다.

---

166) **롬10:9-10** 네가 만일 네 입으로 예수를 주로 시인하며 또 하나님께서 그를 죽은 자 가운데서 살리신 것을 네 마음에 믿으면 구원을 받으리라. 사람이 마음으로 믿어 의에 이르고 입으로 시인하여 구원에 이르느니라.

하나님의 구원 복음을 믿고 그 믿음에 따라 구주를 영접하고 하나님께 지은 죄를 회개하고 성령의 인도에 순종하여 하나님 백성으로 살아가는 것이 하나님의 구원을 영접하는 방법이고 신앙생활이다(약2:14,22).[167]

죄인의 구원을 위하여 반드시 필요하고 중요한 일은 거의 다 하나님께서 미리 준비하시고, 죄인이 구원받기 위하여 해야 할 일은 매우 경미하고 쉽다. 죄인이 쉽게 구원받아 하나님 백성으로 살아가게 하시려는 특별 은혜이다.

하나님의 은혜	구원을 받아들임
① 성자를 예수 그리스도로 보내셔서 사람들의 죄를 전부 대속하게 하셨다. ② 대속 제물로 죽은 예수를 의인으로 부활시키시고 승천하게 하셨다. ③ 예수를 구주로 영접하고 자기 죄를 회개하는 사람의 죄를 모두 사하시고 죄가 없는 의인으로 여기신다. ④ 의롭다고 여기신 사람에게 성령을 주시고 하나님의 백성으로 살아가도록 인도하신다. ⑤ 하나님 백성으로 성화된 사람을 하늘 천국으로 올려 하나님과 함께 영생하게 하신다.	㉮ 하나님께 지은 죄를 깨닫고 하나님의 구원이 필요한 사실을 깨닫는다. ㉯ 예수님께서 죽으심으로 내 죄를 전부 대속하셨음을 믿고 나의 구주로 영접한다. ㉰ 나의 구주 앞에 나의 죄를 모두 고백하고 회개한다. 죄를 지을 때마다 그리 한다. ㉱ 성령의 인도로 하나님 뜻을 구하고 순종하여 하나님 백성으로 살아간다. ㉲ 성령의 도우심을 받아 나의 욕심과 세상의 유혹과 사탄의 방해를 물리치고 하나님 백성으로 성화된다.

---

167) **약2:14,22** 만일 사람이 믿음이 있노라 하고 행함이 없으면 무슨 유익이 있으리요. 그 믿음이 능히 자기를 구원하겠느냐. 믿음이 그의 행함과 함께 일하고 행함으로 믿음이 온전하게 되었느니라.

7-3. 하나님의 구원 은혜를 받으려면 어떻게 해야 하는가?

① 〈하나님께 죄인인 사실 인정〉 하나님이 내 생명과 인생의 주님이므로 하나님 뜻에 맞게 살아가는 것이 하나님의 법이고 사람의 본분인데, 하나님의 뜻을 따르지 않고 내 뜻대로 살아와서 하나님께 죄인임을 인정한다.

② 〈구원 필요성을 깨달음〉 나는 하나님께 죄를 지어 주님이신 하나님과 분리되고 온갖 인생고를 겪다가 죽은 후에 지옥 불못에 들어가게 되는데, 나의 능력이나 노력으로는 나의 죄와 죄의 삯(멸망)을 해소할 수 없으므로, 하나님의 구원 은혜를 바랄 수밖에 없다.

③ 〈하나님의 구원 계획을 믿음〉 하나님께서 모든 죄인을 구원하시기 위하여 독생자를 예수 그리스도로 보내셔서 대속 제물로 죽으셨다가 부활하심으로 죄인이 죄를 벗고 의인으로 거듭나는 구원의 길을 만들게 하시고, 예수님의 대속 은혜를 받아들여 죄를 회개한 사람에게 성령을 주셔서 하나님 백성으로 살아가도록 인도하시는 구원 계획을 세우시고 실행하신다.

④ 〈구주 영접, 죄 회개〉 하나님의 구원 계획에 따라 예수 그리스도께서 나의 과거·현재·미래의 죄를 전부 대속하셨음을 믿고, 예수님을 나를 구원하시는 주님으로 섬기며 구주 앞에 나의 죄를 다 고백하고 회개한다.

⑤ 〈죄 사함, 의롭다 여기심〉 내가 구주를 영접하고 죄를 회개할 때 하나님께서 내 죄를 다 용서하시고 의롭다고 여기시고 내 심령 안에 성령을 주셨음을 믿는다.

⑥ 〈영적으로 거듭남〉 하나님의 성령을 받아 죄로 죽었던 나의 영이 살아나 영적 존재로 거듭났으니 하나님께 돌아가 하나님께 속한 성도로 살아간다.

⑦ 〈하나님을 주님으로 섬김〉 나를 구원하시는 하나님 은혜를 받아들이고, 성부·성자·성령 하나님을 나의 생명과 인생의 주님(창조주·구원자·인도자)으로 섬긴다.

⑧ 〈성령의 인도를 구하고 순종함〉 내 심령 안에 계신 성령님을 내 인생의 주님으로 섬기며 내 삶의 모든 일에 성령님의 인도를 구하고 순종한다.

⑨ 〈하나님 뜻에 순종함〉 성경 말씀 묵상과 기도로 하나님 뜻을 구하고 레마(Rhema)로 받은 하나님 뜻에 순종한다. 나의 뜻이나 욕심에 맞지 않더라도 순종한다.

⑩ 〈성도의 신앙생활〉 하나님의 구원 복음을 굳게 믿고 하나님의 백성으로 살기를 소망하며 하나님 뜻에 따라 하나님을 가장 사랑하고 이웃을 나 자신과 같이 사랑한다.

⑪ 〈믿음의 선한 싸움을 이김〉 하나님의 백성이므로 나의 뜻이나 욕심보다 하나님 뜻에 따른다. 인간 세상의 부귀영화보다 하나님 백성의 행복을 추구하며, 마귀의 방해를 대적하여 성도의 신앙생활을 지킨다.

⑫ 〈천국 백성으로 거룩하게 변화됨〉 예수님께서 심판주로 재림하실 때까지 죄가 없는 의인 상태를 유지하고 성령의 인도를 구하고 순종하는 성도로 살아가기 위하여 최선을 다한다. 좁고 험한 성화의 삶을 지켜 하나님의 거룩함과 생명을 추구한다.

⑬ 〈구주의 합격 심판을 기다린다〉 성도가 충분히 성화되었는지 여부는 재림 예수님의 최종 심판에 맡겨져 있다.

천국 백성의 수준으로 성화되는 것은 지극히 어려운 일이지만, 간절한 천국 소망을 가지고 천국 백성처럼 거룩해지려고 최선을 다하고, 내 구주의 긍휼을 기다린다.

7-4. 하나님의 구원 은혜를 받았으면 하나님 백성으로 살아가야 한다

하나님의 구원은 죄인을 변화시켜 하나님 백성으로 살아가게 하시는 것이다(딛2:14). 이를 위하여 죄인 구원의 길을 만드시고 구원을 영접하는 자를 하나님의 성도로 거듭나게 하시고 성령의 인도에 순종하는 새로운 인생으로 선도하셔서 하나님 나라를 차지하게 하신다(롬8:30, 고후5:17).[168]

그러므로 예수님의 대속 은혜를 받아들여 하나님의 성도로 거듭났으면, 하나님 성도의 새로운 인생을 살아가야 한다(고후5:15, 고전6:19-20).[169]

1단계 구원을 받아 하나님 앞에 나아갈 수 있게 되었으면, 2단계로 나아가 성령의 인도를 받아 하나님 백성으로 살아가야 한다. 내주하시는 성령님을 내 인생의 주님으로 섬기며 모든 일에 성령님의 인도를 구하고 순종하여 하나님 뜻에 따라 살아가야 한다(엡4:23-24, 엡4:30).[170]

---

168) **딛2:14** 그가 우리를 대신하여 자신을 주심은 모든 불법에서 우리를 속량하시고 우리를 깨끗하게 하사 선한 일을 열심히 하는 자기 백성이 되게 하려 하심이라.
  롬8:30 미리 정하신 그들을 또한 부르시고, 부르신 그들을 또한 의롭다 하시고, 의롭다 하신 그들을 또한 영화롭게 하셨느니라.
  고후5:17 누구든지 그리스도 안에 있으면 새로운 피조물이라. 이전 것은 지나갔으니, 보라 새 것이 되었도다.
169) **고후5:15** 그가 모든 사람을 대신하여 죽으심은 살아 있는 자들로 하여금 다시는 그들 자신을 위하여 살지 않고 오직 그들을 대신하여 죽었다가 다시 살아나신 이를 위하여 살게 하려 함이라.
  고전6:19-20 너희는 너희 자신의 것이 아니라 값으로 산 것이 되었으니, 그런즉 너희 몸으로 하나님께 영광을 돌리라.
170) **엡4:23-24** 오직 너희의 심령이 새롭게 되어 하나님을 따라 의와 진리의 거룩함으로 지으심을 받은 새 사람을 입으라.
  엡4:30 하나님의 성령을 근심하게 하지 말라. 그 안에서 너희가 구원의 날까지 인치심을 받았느니라.

구원의 복음을 믿고 믿음대로 살아가야 구원을 얻게 된다. 머리로만 믿고 삶으로 행하지 않으면 구원을 성취하지 못한다(약2:14).[171]

구주의 권능을 가지고 모든 교회와 성도를 구원으로 인도하시는 예수님을 신앙생활의 주님으로 섬기며 구주 예수님의 구원 권능과 은혜를 의지하여(히4:16, 히12:2) 끝까지 신앙생활을 지켜야 한다(딤전6:14).[172]

7-5. 하나님의 구원 은혜를 받아들이지 않으면 정죄 심판을 받는다

창조주 하나님의 뜻을 어기면 하나님께 죄인으로 되어 하나님과 분리되고 정죄심판을 받아 죽는다.

사람이 창조주 하나님을 창조주로 섬기지 않거나 하나님의 말씀대로 살지 않는 것(롬5:19), 하나님께서 죄인 구원 계획을 세우시고 구원받으라고 부르시는데도 죄인이 하나님의 구원을 받아들이지 않거나(막16:16) 예수 그리스도를 믿지 않는 것(요3:18), 성도가 하나님께서 주신 성령의 인도를 구하지 않거나 따르지 않는 것(엡4:30), 자기 의를 내세워 하나님의 의에 복종하지 않는 것(롬10:2)은 모두 하나님의 뜻을 어기는 죄이다.[173]

---

171) **약2:14** 내 형제들아, 만일 사람이 믿음이 있노라 하고 행함이 없으면 무슨 유익이 있으리요, 그 믿음이 능히 자기를 구원하겠느냐.
172) **히12:2** 믿음의 주요 또 온전하게 하시는 이인 예수를 바라보자.
히4:16 우리는 긍휼하심을 받고 때를 따라 돕는 은혜를 얻기 위하여 은혜의 보좌 앞에 담대히 나아갈 것이니라.
딤전6:14 우리 주 예수 그리스도께서 나타나실 때까지 흠도 없고 책망 받을 것도 없이 이 명령을 지키라.

이미 하나님 뜻을 어긴 죄인이 하나님의 구원을 받아들이지 않으면 그 죄가 추가되어 정죄 심판을 받게 된다(살후1:8-9, 히10:29).[174]

하나님은 사람에게 구원 영생의 길과 죄인 멸망의 길을 주시고 자유의지로 선택하게 하신다(신30:19-20). 하나님의 구원 언약을 믿고 하나님 백성으로 살아가면 영생을 얻고, 하나님의 구원 복음를 외면하고 자기 뜻을 따르면 교만한 자유의지의 책임을 지고 멸망하게 된다(롬2:7-8).[175]

---

173) **롬5:19** 한 사람이 순종하지 아니함으로 많은 사람이 죄인 된 것같이 한 사람이 순종하심으로 많은 사람이 의인이 되리라
막16:16 믿고 세례를 받는 사람은 구원을 얻을 것이요, 믿지 않는 사람은 정죄를 받으리라.
요3:18 그를 … 믿지 아니하는 자는 하나님의 독생자의 이름을 믿지 아니하므로 벌써 심판을 받은 것이니라
엡4:30 하나님의 성령을 근심하게 하지 말라. 그 안에서 너희가 구원의 날까지 인치심을 받았느니라.
롬10:2 하나님의 의를 모르고 자기 의를 세우려고 힘써 하나님의 의에 복종하지 아니하였느니라.

174) **살후1:8-9** 하나님을 모르는 자들과 우리 주 예수의 복음에 복종하지 않는 자들에게 형벌을 내리시리니, 이런 자들은 주의 얼굴과 그의 힘의 영광을 떠나 영원한 멸망의 형벌을 받으리로다.
히10:29 하물며 하나님의 아들을 짓밟고 자기를 거룩하게 한 언약의 피를 부정한 것으로 여기고 은혜의 성령을 욕되게 하는 자가 당연히 받을 형벌은 얼마나 더 무겁겠느냐

175) **신30:19-20** 내가 생명과 사망과 복과 저주를 네 앞에 두었은즉 너와 네 자손이 살기 위하여 생명을 택하고 네 하나님 여호와를 사랑하고 그의 말씀을 청종하며 또 그를 의지하라.
롬2:7-8 참고 선을 행하여 영광과 존귀와 썩지 아니함을 구하는 자에게는 영생으로 하시고 … 진리를 따르지 아니하고 불의를 따르는 자에게는 진노와 분노로 하시리라.

8.
구원의 완성을 얻기 위하여
두렵고 떨림으로 정진하자

하나님께서 사람을 하나님 형상대로 창조하신 목적도, 하나님께서 성자와 성령을 동원하여 죄인을 구원하시는 목적도, 사람들이 하나님과 교제하며 하나님 백성으로 살아가게 하시려는 것이다. 임마누엘의 특혜를 주시려는 것이다.

사람이 창조주 하나님의 뜻을 어겨서 하나님께 죄인으로 되고 하나님과 분리되어 하나님의 백성으로 살지 못하자, 하나님께서 죄인 구원 계획을 세우시고 성자와 성령을 동원하여 단계별로 실현하신다.

죄인이 자기 죄를 대속하신 예수 그리스도를 구원의 주님으로 영접하고 죄를 회개하면, 그 죄를 사하시고 의롭다고 여기셔서 하나님께 돌아올 수 있게 하시고, 성령을 주셔서 영적으로 거듭나게 하신다. 이것이 **1단계 구원[칭의]**이다.

1단계 구원을 받은 사람이 성령의 인도를 받아 하나님의 뜻에 따라 살아가면 하나님의 백성으로 성화되게 하신다. 이것이 **2단계 구원[성화]**이다.

1단계 구원은 죄인이 죄를 씻고 하나님께 돌아갈 수 있는 자격을 회복시켜 주시는 것이고, 2단계 구원은 1단계 구원을 얻어 하나님께 돌아온 성도에게 성령님께서 함께 하시고 인도하셔서 하나님 백성으로 살아가게 하시는 것이다.

2단계 구원은 하나님을 인생의 주님으로 섬기며 하나님 뜻에 따라 살아가는 것이다. 천국 백성으로 살아가는 수련을 하면서 임마누엘의 은혜를 체험하는 과정이고, 신앙생활의 핵심이다.

2단계 신앙생활을 성실하게 수행하여 천국 백성으로 성화되면, 마지막 날 예수님께서 심판주로 오셔서 최후 심판을 하실 때 하늘 천국으로 올려져 하나님과 함께 완전한 행복을 영원히 누리게 된다. 이것이 **3단계 구원[영화]**이고 **구원의 완성**이다.

1단계 구원을 얻은 성도에게 성령을 주신 것은 성령의 인도를 받아 2

단계 구원으로 나아가 이 세상과 다음 세상에서 하나님의 백성으로 살아가며 임마누엘의 은혜를 누려 구원의 목적을 이루라는 소명이다(딤전 4:8).[176]

하나님의 구원을 영화 단계까지 받아 천국 영생을 얻으려면, 구원을 시작하시고 인도하시고 완성하시는 구주 예수님을 구주로 섬기며 성령님의 인도를 구하고 순종하여, 신앙생활을 신실하게 정진하여, 하나님 백성으로 온전히 성화되어야 한다.

1단계 구원을 얻은 것으로 만족한 채 2단계 구원으로 나아가 하나님 백성으로 살아가는 신앙생활 훈련을 정진하지 않으면, 성화를 이루고 영화를 얻는 것은 기대하기 어렵다.

사도 바울은 예수님을 만난 뒤 전심전력을 다하여 주님의 일을 하고도 수감되어 순교를 앞두고 아직 온전히 이루지 못하고 달려가고 있다고 고백하였다(빌3:11-12).[177]

나는 하나님의 성도로 살아가고 있는가? 하나님 백성으로 성화되어 있는가? 천국 영생을 얻을 수 있을까?

바울이 애를 태우며 권고한다. "항상 복종하여 두렵고 떨림으로 너희 구원을 이루라" (빌2:12)

---

176) **딤전4:8** 경건 훈련은 모든 면에 유익하니, 이 세상과 장차 올 세상의 생명을 약속해 줍니다. 〈새번역〉
177) **빌3:11-12** 어떻게 해서든지 죽은 자 가운데서 부활에 이르려 하노니, 내가 이미 얻었다 함도 아니요 온전히 이루었다 함도 아니라. 오직 내가 그리스도 예수께 잡힌 바 된 그것을 잡으려고 달려가노라.

구원의 과정

1판 1쇄 발행 2025년 1월 15일

지은이 조대현

발행인 장진우
디자인 원선우
펴낸곳 호산나(주)
주소 경기도 안양시 벌말로 123, A909호
전화 1644-9154
홈페이지 www.hosanna.net
인쇄 창영프로세스

가격 5,000원
ISBN 979-11-89851-61-3